# エコノミストの父が、子どもたちにこれだけは教えておきたい大切なお金の話

増補改訂版

第一生命経済研究所
首席エコノミスト
永濱利廣

ワニ・プラス

# はじめに君たちへ

僕がこの本を最初に出したのは２０１７年。今から６年前のことだ。今改訂版を書いている僕の子どもたちも成長し、当時高校生だった息子は大学４年生、中学生の娘も大学１年生になった。

君たちにとってこの６年間は、どんな時間だっただろうか？

６年というのは、なんだかあっという間だね。

けれどこの６年間、日本と日本を取りまく世界は大きく変わった。

まず２０２０年からはじまった新型コロナウィルスの世界的な感染拡大だ。それは今も収まらずに続いている。

感染する人、亡くなる人が増え、職場での仕事、学生生活、家庭生活も大きく変わらざるを得なくなった。

まず職場では、多くの人が通勤を控え、可能な限り自宅で仕事をする「リモートワーク」が増えた。会議や打ち合わせも、対面ではなくパソコン画面ごしで行うことが増えていった。

学校の授業もパソコンやタブレットで行う「オンライン授業」だけとなり、修学旅行も運動会も中止、入学式や卒業式さえ満足に行えず、部活も一時期は完全に活動停止となってしまった学校が多かったよね。楽しい給食の時間に机を寄せておしゃべりをしたり、お弁当のおかずを取りかえっこしたりすることもできない。

スポーツや音楽イベントは中止があいつぎ、2020年に予定されていた東京オリンピック・パラリンピックも1年延期となった。

家庭でも、毎年恒例の家族旅行は中止、おじいちゃんやおばあちゃんに会いに行くこともなかなかできなくなってしまったのだ。

今、この本を開いてくれた君たちの生活にも、大きな変化があったのではないだろうか?

2022年の後半くらいからは、ワクチンの接種が進んだことなどもあり、通勤回数が増え、学校もやっと対面授業がはじまって、ようやく旅行にも行きやすくなったとはいえ、ほとんどの人はマスクをしたままだし、ワクチン接種も続いている。

そして、2022年からはじまったのがロシアによるウクライナ侵攻だ。それ以前から緊張関係にあったロシアとウクライナだけれど、この年ロシアのプーチン大統領は「特別軍事作戦」と称して、ウクライナの領土に攻撃を開始した。つまりロシア・ウクライナ戦争がはじまったのだ。

すでに両国ともに大きな犠牲が出ているが、まだ解決の糸口さえ見えていないのは、君たちも知っているとおりだ。

この戦争は当事者たちだけではなく、さまざまな形で世界に影響を与えている。輸出や輸入、エネルギーの供給、物流、軍事のバランス、そして世界経済。それにともなって多くの国が、多くの分野で政策を転換しなくてはならなくなっている。もちろん日本も同様だ。

新型コロナウィルスの世界的な流行と、ロシア・ウクライナ戦争という2つの大きな出来事によって、世界中の国々が金融政策や経済対策に苦労し、国民もまたさまざまな影響を受け苦しい状況に追い込まれている人も増えている。

日本で暮らす私たちに身近なことで言うなら、まず日本の通貨である「円」がドルに対してとても安くなったこと、そして毎日のようにニュースで取り上げられているあいつぐ値上げなどだ。円が安くなると、海外からモノを買う「輸入」は苦しくなる。今まで100円で輸入できたものが130～135円払わなくては買えなくなってしまうからだ。

なにもかもが「コロナ」と「ウクライナ」だけが原因とは言えないけれど、2つの原因が日本人の生活に大きな影響を与えていることは間違いない。

大きな変化があったこの数年のなかで、とくに君たち若者にとって重要な「できごと」がある。

それが「成年（成人）年齢の引き下げ」だ。

これまで日本で「成人」は、明治時代から１２６年間、民法という法律で20歳と決まっていたが、法律が改正されて２０２２年４月から18歳になったのだ。

民法で定めている「成年」とは、「ひとりで契約することができる年齢」「父母が持つ親権に縛《しば》られない年齢」という意味だ。

「お酒を飲んでもいい年齢」「タバコを吸ってもいい年齢」「競馬や競輪の券を買える年齢」というのは、民法ではなく、別の規定で決められていて「成年年齢が18歳」になっても以前と同様20歳で変わらない。

「お酒やタバコを飲んでもいい年齢」は「二十歳未満ノ者ノ飲酒（喫煙）ノ禁止ニ関スル法律」という法律で、定められているんだ。また「馬券が買える年齢」は「競馬法」で決まっていて、これも以前と同様20歳と変わらない。

「18歳で成人だからお酒もタバコもギャンブルもＯＫ！」と思ったら大間違いだ。

「選挙で投票できる年齢」（選挙権年齢）は民法の改正よりも早く2018年に、20歳から18歳に引き下げられたのだが、これは「公職選挙法」で定められている。

まずは若者の国政参加を進めることを目的に、公職選挙法の改正が行われたのだが、市民生活においても18歳以上を「大人」として扱うほうがいい、ということとなって民法が改正されたというわけだ。

ちなみに、結婚年齢は以前「男性18歳以上、女性16歳以上」だったのだけれど、女性の年齢が引き上げられて、男女ともに「18歳以上」となった。これは、高校進学率が98％を超えるなか、男女ともにある程度社会的・経済的な成熟度があったほうがいい、という判断によるものだ。

なお成人年齢が引き下げられたことによって、18歳になっていれば高校生であっても、親の同意なしに結婚することは可能になったんだ。

さて、この本の「本題」は、「お金の話」。

改訂版を出すことになったいちばんのきっかけは、今書いた「成人年齢の引き下げ」ということだ。

これまで、20歳にならなければ、親の同意なしにクレジットカードをつくったり、ひとり暮らしをする部屋の契約をすることはできなかったけれど、どちらも18歳からできるようになったのだ。

18歳という年齢は、高校を卒業して仕事につく、あるいは大学に進学する年で、生活が大きく変化し「大人」として出発する第一歩を踏み出す大事な年齢だ。18歳で法律的にも「成人」と認められ、親から独立した生活を営めるようになる。

自分だけの判断でできることが増えるということは、誇らしいことだし、自由も増える。

もちろん、自分の判断に対する責任も大きくなるということだ。

とくにお金に関して「自分で責任をとる」というのは、いざ直面するととてもたいへんなことだ。

自分でローンを組めるということは、返済の責任も自分自身にある。クレジットカードをつくれるということは、「いくらでもカードで買い物ができる」ということではなく、返済をきちんとしなくてはいけない、ということだ。

自由とは責任に裏打ちされて初めて手にできるものなのだ。

「お金」というのは、生活する上でなくてはならないものだし、できればたくさんほしいよね。誰だって暮らしに不自由しないだけのお金を手にし、必要なもの、ほしいものを買いたいと願う。それがかなえば、生活はとても楽しいものになるだろう。お金は幸福をもたらしてくれるともいえる。

けれど一方で「お金」が原因で不幸になる人もいる。「お金」が原因で親しい人や家族と争いになってしまうケースもある。周囲の人を不幸に巻き込むケースもある。お金が原因で、自ら命を断つ選択をしてしまった人だって少なくないのだ。本当に悲しいことだ。
なぜ人間はお金によって不幸になってしまうことがあるのだろう？
その原因はさまざまだが、実は「お金についてよく知らないこと」が大きな原因のひとつだ。

お金を自由に扱える年齢が下がると、お金についての知識が今まで以上に少ないままに、成人年齢を迎えてしまう人も増える可能性がある。「知らないままにお金を扱うこと」は、実はとても怖いことでもあるのだ。

そうした不安に応えようと、政府もやっと「お金に関する教育」を高校の授業に取り入れることを決め、学習指導要領というものを改訂した。
そして2022年4月から使われている高校家庭科の教科書から「金融・経済・投資」といった項目が入るようになったのだ。

そもそも日本は欧米諸国に比べて、「お金」についての教育が大きく立ち遅れている。

教育以前に、日本人はどうも「お金の話」をタブー視する傾向が強い。

「お金の話ばかりするのは卑しい、はしたない」

「子どもはお金の話などするものではない」


大人からそんなことを言われた経験があるんじゃないだろうか？

日本人はなぜか昔から「子どもがお金について興味を持つこと」「お金のあるなしについてあれこれ言うこと」を「子どもらしくない」ことと考えるところがある。

もちろん親は「子どもにお金のことで心配をかけたくない」「お金で苦労をさせずに育てるのが親の責任」と思うからこそ「子どもはお金のことなんか気にするものじゃない」と、子どもに言いきかせてきたのだけれど、この考え方は、もはや「子どものため」にはならない時代になった、ということなんだ。

「子どもはお金のことなんか考えなくていい」というのは改めたほうがいい。

「子ども」はあっという間に18歳になってしまうよね。

「まったくお金のことを考えたことのない子ども」が、突然「成人」してお金を扱うほど、危険なことはないと思わないだろうか？

もちろん「お金がすべてだと思え」とか「ケチになれ」とか「ラクして大もうけする方法を知ろう」なんて意味じゃない。

もっと上手にお金と付き合う知識を身につけてほしい、ということだ。

お金で不幸にならないために、まず興味を持ってほしいと思うのだ。

前回の本を書いてから5年、その必要はさらに増している。

危険度も増していると言っていいかもしれない。

「学校で教えてくれるならそれでいいじゃん」と思うかもしれないけれど、正直、それだけでは足りないと僕は思っている。

すべての先生とは言わないけれど、先生たち自身が「お金についての教育」を受けてきていないのだ。大学でマクロ経済学を専攻したとしても、投資信託を利用したことはないという先生も少なくないと思う。

文科省の方針では、高校卒業までに「家計管理とライフプランニング」「預貯金について」「株式、債券、投資信託の知識」「保険について」「クレジットカードやローンについて」「トラブルの回避法」などを学ばせるように、となっている。

なかでも重要視されているのが「投資についての知識」だ。つまり、株式や債券、投資信託などに自分のお金を投資し、リターンを得ることだが、そもそも投資など自分自身でまったくしたことのない先生のほうが多いと思う。君たちの親世代も多くが「投資」の経験を持っていない。

これは、あとでまた書こうと思うけれど、かつての日本は銀行がつぶれることもなく、金利も高かった。しかも、そこそこ大きい会社に勤めればほぼ定年まで勤められるし、さほど仕事の業績が上がらなくても「年功序列制」といって、ちゃんと勤めていれば、毎年ちょっとずつでも給料が上がるという時代が長く続いたのだ。

だから「毎月少しずつ貯金して、銀行の定期預金にしておけば安心」「大きい買い物はボーナスで」が基本で最も堅実、安心、安全だったのだ。

びっくりするかもしれないけれど、たとえば1990年代の最初の頃、銀行の定期預金の金利は約6%。1980年前後の郵便貯金の定期金利(10年預ける場合)は10%を超えていたことがあるんだよ。100万円を10年の定期にしてくと10万円増えて110万円、1000万円なら100万円増えて1100万円になるということだ。

これならば、リスクのある株式投資などしなくてもいい、と思うのはあたりまえだよね。

ところが、今の銀行の利息を知っているだろうか。大手銀行の定期預金の金利は0・002%。これは100万円を1年預けても利息が20円(税引き前）にしかならない計算になる。

「銀行に預けておくのが堅実で安全で安心」など、もう誰も言えない時代になったのだ。

日本は第二次大戦後の「高度成長期」を経て、1989年バブル経済の崩壊という最悪の状況を迎えたわけだが、その後長期にわたって経済は停滞した。金利は下がり続け、それが今に続いているということだ。

だからこそ、こうした時代に社会に出ていく前に、「お金」との付き合い方をちゃんと知っておくことが必要なのだ。

君たちが出ていく社会は、昔に比べると厳しいかもしれない。良い大学を出て良い会社に勤めれば一生安泰、などという時代は過ぎてしまったからだ。

けれども、逆に言えば、君たちの時代は、幸せが学歴や勤めた会社の大小に左右されにくい時代だともいえる。

自分自身の努力やセンス、志向によって、さまざまな生き方の選択肢があり、それぞれが自分らしく生きていくことができる可能性も広がったといえるのではないだろうか。

学生時代に起業する人もいれば、大企業で数年間勤めた後に起業する人もいるし、大学など行かず動画配信の腕をみがいて収入を得る人もいる。故郷で新しい形の農業に取り組む人もいる。

しかし、どんな生き方を選ぶにせよ、今の時代にふさわしい、正しいお金の知識、投資の知識、ライフプランについての知識は、なくてはならないものだ。

自由度が高くなった分、責任は大きくなる。

だからこそ、できる限り早いうちに、「お金」との付き合い方の基礎を学んでほしい。

この本は、これから大きな可能性を持って、新しい一歩を踏み出す若い人たちに、どうしても知っておいてほしいことをなるべくわかりやすく記したつもりだ。

これが君たちの「生きる力」の一部になることを、僕は信じている。

２０２３年３月

永濱利廣

CONTENTS

# 3 まだ「一人前の少し手前」の君に 97

# 1

## 日ごろ、何となくお金を使っている君に

コンビニでお菓子やジュースを買ってお金を払う。服やアクセサリーを買ってお金を払う。ファストフード店やファミレスでお金を払う。

100円ショップやディスカウントストアで「安い！」と思い、新しいスマホや、高級ブランド品の値札を見て「うわ、高い」と思う。

こんなあたりまえの生活のなかに、実はとても大事なことが存在しているんだ。

普段、何気なく買い物をしている君たちに、うんと身近なところからお金のことを考えてほしい。

# モノの値段はどうやって決まるんだろう?

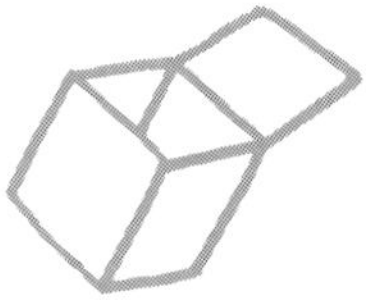

## 「値段」は「かかった費用」と「もうけ」で決まる

「このゲームソフト、なんでこんなに高いの?」

「牛丼1杯300円って、安すぎだよな」


買い物をしていて「この商品はどうしてこの値段なのか」って考えたこと、ありませんか。ここではモノの値段はどうやって決まるのか、説明しましょう。

値段を決めるときのポイントは2つあります。まずひとつめは「もうけ」です。

そもそもモノの値段は、それをつくった人たち、売る側の人たちが決めているのですが、決め手は「つくるのにどれだけの費用がかかったか」にあります。

たとえば牛丼屋さんの場合、まず牛肉や玉ねぎ、お米などの材料費がかかります。お店で働く人のお給料やアルバイト代がかかります（これを人件費といいます）。もしお店を借りているなら家賃もかかります。こうした費用をかけて牛丼はつくられているんですね。

あとは簡単な計算です。「1杯の牛丼をつくるのに200円の費用がかかった」としたら、お店でその牛丼を300円で売れば、1杯あたり100円もうかることになりますよね。

かかった費用に「もうけ」分を加える――これがモノの値段を決めるときのいちばんの基本になります。

## ほしい人がたくさんいると値段は高くなる

そしてモノの値段を大きく左右するもうひとつのポイントが、「買いたい人」と「売りたい人」の量のバランスです。

たとえばある日、君が自分で釣ってきた魚を町の市場に売りに行ったとしましょう。君は「1匹100円で売ろう」と考えています。

市場に着くと、「君の魚を買いたい」という人が思った以上に多く、その人数は君が今持っている魚の数を上回っていました。

さっそく1匹100円で売ろうとした君の前に、「少しくらい値段が高くてもいいから、ぜひ私に売ってくれ」という人が現れました。するとそれを見ていたほかの人が「私なら、もっと高い値段で買うから売ってくれ」と言い出しました。

そして、さらに「私も」「私も」と、もっと高い値段でも買うという人が次から次へと現れたのです。

こうして君の魚の値段は、当初の100円からどんどん上がっていきました——。

「どうしても買いたい」人が多いのにモノが少ないと、少しくらい高くしても売れます。このとき、モノの値段は上がっていきます。

では反対に、君が持っている魚の数よりも、「君の魚を買いたい」という人数のほうが少なかったらどうでしょう？

今度は立場が逆になります。「魚を売りたい君」は、買ってもらうために値段をもっと安くするでしょう。そうすれば「そのくらい安いのなら買ってもいいか」と思う人も出てきます。

「どうしても買いたい」人が少ないのにモノが多いと、値段を安くしなければ売れません。つまり、モノの値段は下がっていくわけです。

買いたいという気持ちを「需要」、売りたいという気持ちを「供給」といいます。

供給より需要のほうが多いと、「高くてもほしい」という気持ちが広がって値段は上がります。

需要より供給のほうが多いと、「安くするから買って」という気持ちが広がって値段は下がります。

もし、君の魚を買いたい人（需要）が多く、魚の数（供給）がそれより少なくて魚の値段が上がったら、君は「もっとたくさん釣って高く売ってもうけよう」と思うでしょう。

ところが、君が魚をたくさん釣りすぎると、売ることができる魚の数（供給）がグンと増えることになり、今度は逆に魚の値段が下がってしまうんです。

天候不順による不作や自然災害の影響などで野菜の収穫量が減ると、スーパーでは一気に野菜の値段が高くなります。これも売られている野菜が買いたい人よりも圧倒的に少なくなるからなんですね。

シリアルナンバーのついたプレミアム商品や数量限定品といったプレミアムグッズや〝レアもの〟なども、商品の数より買いたい人が多いために値段が高くなる、ということです。

売られているモノ（売りたい人）の量と、それを買いたい人の量、そのバランスによって、モノの値段は上がったり下がったりするのです。

# 「安い」や「タダ」にもわけがある

世の中には「タダ」のものも意外にたくさんあります。たとえば試食、ティッシュ、試供品。

街を歩いていると「どうぞ！」と手渡されるポケットティッシュ。君ももらったことがあるでしょう。持っていると意外に便利だし、なんと言っても〝タダ〟だから、ありがたく頂戴しておくという人も大勢います。

この無料ティッシュ配り、日本ではごく日常的ですが、外国人には、「日本ではタダでティッシュを配っていた。信じられない！」という珍しい光景のようです。国によっては紙の値段がとても高く、ティッシュは貴重品。それをタダで配ることへの驚きなのだとか。

ポケットティッシュに限らず、君のまわりを見回せばほかにもいろいろと「タダのモノ」があるでしょう。たとえば、スーパーやデパ地下の試食コーナー、フリーペーパーやフリーマガジン、通販でよく見るお母さんやお姉さん向けの化粧品の無料お試しセット。

スーパーで試食だけして買わなければタダ。

無料お試しセットを利用しても、そこでやめておけばタダ。

ティッシュをもらっても、そのままバッグに入れてしまえばタダ。

「ラッキー、得した！」と思いますよね。それどころか、「これじゃ何のもうけにもならないじゃないか？」「こんなもったいないことして大丈夫なの？」とさえ思ってしまうかもしれません。でもご心配なく。その〝タダ〟にはちゃんと理由があります。

君がもしスーパーで新製品の鶏の唐揚げの試食をしたとします。とてもおいしいと思ったとしましょう。

でもそのとき、君の心のどこかにもうひとつ、別の気持ちが芽生えてきてはいませんか。そうです、「タダで試食までしちゃったし、買わないと悪いかな」という感情です。ここなんですね、スーパーやデパ地下のあちこちで試食が行われている理由は。

「試食した人は、その商品を買う可能性がグンと高くなる」というのは、スーパーやデパ地下の常識だそうです。なぜなら、試食した人の多くは、今の君の気持ちと同じように「無料でもらってばかりだと申し訳ない。何かお返しをしなければ居心地が悪いな」と無意識に感じているからなんですね。こんなふうに思ってしまうことは、心理学の研究でも証明されています。

必ずしも「試食しておいしかったから買う」ということだけではないのです。試食はタダだけど、試食したら買ってくれる人もたくさんいる。結果的に新製品が売れるということ。

街中で配られているポケットティッシュだって同じです。もらったティッシュには必ず広告のチラシが挟まっていますよね。もらったら何も見ずにバッグにしまう人も多いでしょうが、「タダでもらっちゃったから、お返しにチラシくらいは一応読まなきゃ悪い」と思う人も少なくはないんです。広告の紙を抜いて捨てちゃうという人も、なんとなく会社の名前ぐらいは見てしまうものです。

チラシはまず、読んでもらってナンボのもの。無料のティッシュとセットだからこそ、つい「読まなきゃ悪い」という気持ちになりやすいのです。読むというほどではなくても、目に入って、記憶のどこかに残る。

「エビでタイを釣る」ということわざを知っていますか？　安くて小さなエビをエサにして大きく高級なタイを釣る、つまり「少ない元手で大きな利益を得る」ことのたとえです。無料のポケットティッシュも、スーパーの試食も、無料お試しサンプルも、街中の〝タダ〟はほとんどが「小さなエビ」。でも、そのエサが君たちお客さんのサイフを開かせてくれることがよくあるということです。

## ＮＨＫには受信料を払うのに、民放はなぜタダで見られる？

ＮＨＫの番組を見るためには受信料を払う必要があるけれど、民放の番組はタダで見ることができます。でも、ＮＨＫと民放の差ってなんでしょう？

民放のテレビをタダで見られるのは、民放で放映されている番組が企業（スポンサー）が払う「広告料」でつくられているからです。つまり、テレビＣＭ

です。

広告料とは基本的に、「テレビで商品の広告をしたい」という企業にテレビCMの枠（時間）を買ってもらって得る収入のこと。テレビ局は放送中にその企業のCMを流す代わりに、番組をつくって放送するためのお金を出してもらっています。だから僕たちはお金を払わなくても民放の番組をタダで見られるんですね。

番組の途中で頻繁にCMが流れたり、「この番組はご覧のスポンサーの提供でお送りします」というテロップが入ったり、ロゴが映し出されたりするのはそのため。タダで見られると同時に、その企業のCM（広告）もいっしょに見せられているわけです。

ときどき、番組のロケなどで、タレントさんが持っている飲み物のパッケージなどにモザイクがかかっていたり、ぼんやりボカされていることがありますよね。あれは、テレビ局が番組のスポンサーに「気を使って」見えないようにしているのです。つまりAというビール会社にお金を出してもらって番組をつくっているのに、番組のなかで、偶然でもBというビール会社のビールが映るのは「申し訳ない」という「配慮」からです。

まあ事情はわかるのだけれど、なにも散歩の途中で映りこんだ町のビール会社のポスターや看板までモザイクをかけなくてもいいんじゃないの？　と僕自身は思いますが。

さて、NHKに話を戻しましょう。

NHKは民放と違って、企業からの広告料をもらいません。それは「NHKは公共放送であり、営利目的（お金もうけ）ではなく、公正でみんなに役立つ番組を放送するテレビ局」という位置づけだからです。

広告料をもらってしまうと、番組内でその企業の商品を紹介したり、ほめたりしなければならなくなります。ほめないまでも、もし批判すべきことがあってもやりにくくなってしまう可能性があります。でもそれでは「公共のため」にはならなくなります。

だからNHKは、「公正、公共」という立場を守るために特定企業から広告料をとらず、CMを流さず、視聴者が払う「受信料」で番組をつくっているのです。

僕も子どもの頃、テレビを見ていて「どうしてＮＨＫだけコマーシャルがないのかなあ」と疑問に思っていました。

それはテレビ局の成り立ちの違いによるものなんですね。

ただ、最近では地上波放送のほかに衛星放送やケーブルテレビ、さらにネットなど、映像配信のチャンネルが広がり、ＣＭだけではなく加入者からの視聴料で運営されている放送局もあります。ＮＨＫ以外はすべてタダ、というわけではなくなりつつあります。スポーツのライブ中継はネットだけ、しかも有料ということが増えてきています。

記憶に新しいのは２０２２年のサッカーワールドカップ・カタール大会でしょう。日本戦や準決勝・決勝などはＮＨＫほかの地上波が中継しましたが、これらの試合を含め64試合すべてを無料中継したのはインターネットテレビでした。インターネットテレビは主にインターネット広告の収入によって運営されるもので、仕組みは民放と似ていますが、番組によって有料のものもあります。有料といってもＮＨＫのように「とにかくテレビを持っている人全員からお金をとる」というものではなく、「見たい人だけが特定の番組やチャンネルに「お金を払う」といった方式です。

## 「無料ゲーム」なのにお金がかかるってどういうこと？

スマホで「無料アプリ」をインストールしようとしたら「app（アプリ）内課金あり」と書かれていることがあるでしょう。その場合、そのアプリは完全に無料ではないということになります。もしかしたら、このあたりのことは、君たちのほうが僕よりもよく知っているかもしれないけれど、一応話しておきましょう。

アプリをスマホにインストールするのは無料でも、その先にはさまざまな形で「お金がかかる」可能性があります。たとえば、

- よりレアなアイテムを手に入れたい
- もっと強力なキャラがほしい
- もっと早く先のステージに進みたい

・イチイチ出てくる広告を表示させたくない

こうした場合はお金がかかるというわけ。LINEでスタンプを買う、なんていうのもapp内課金のひとつです。

無料で遊ぶだけだとこれしかできないけれど、お金を払えばもっとほかにもいろいろな機能が使えますよ、というのがオンラインゲームやスマホのゲームアプリでよく使われている「app内課金」という仕組みです。

このapp内課金という仕組みには、注意しないとハマってしまう落とし穴があります。それが「高額請求」という問題です。聞いたことがあるでしょう？無料でインストールしたゲームは、最初は普通に楽しめても次第に内容がレベルアップして〝無料でできる範囲だけ〟ではつまらなくなってくることがあります。

たとえばステージが進むほど難しくなって、無料で使えるアイテムだけではクリアできなくなってくる。そうなるようにつくられているものがけっこう多いのです。

するとみんな「せっかくここまでクリアしてきたんだから、もっと先に進みたい」という気持ちになって、そのためにapp内課金で有料アイテムを買うわけです。

でもさらに進んでいくと、もっと難しいステージが待っています。それをクリアするためにまた有料アイテムを買う。その先にはまた困難なステージが登場して、次々にアイテムを買い続けることになるわけです。

## スマホゲームのコンプガチャ問題

少し古い話になりますが、2012年ごろ「コンプガチャ問題」というのが大きな話題になりました。

「コンプガチャ」とは、スマホなどのゲームアプリでよく使われていたシステムで、「アイテムを全部そろえれば、レアアイテムなどをゲットできる」といった有料サービスのこと。1回の「ガチャ」で「ときどきレアアイテムが出る」という「普通のガチャ」ではなく、「ガチャで5つのレアアイテムをそろえると、そこでやっと激レアアイテムがもらえる」というものです。「1回やってみたら1つレアアイテムが出た。もう1回!」「やっと3つそろったんだからもう2つほしい」と思っているうちに、5つのレアをそろえるまでにはかなりのお金を使ってしまっている、というわけ。3つそろえるまでにすでにけっこうお金を使ってしまっていたら、「ここであきらめたら今までのぶんがムダになっちゃう」と思ってしまう人も多かったのです。

これ、ギャンブルに似てますよね。「ずっと損してきたけど、ここでやめるより一発逆転を狙いたい」と思ってやめられなくなってしまうギャンブルに近い。

ようするに子どもたちがレアアイテムほしさに何度も有料のガチャを繰り返し、親に何万円、何十万円という高額な利用料請求が来るという事態が続発しました。これが社会問題になったわけです。

結果的に、この問題は消費者庁が「景表法(不当景品類及び不当表示防止法)」という法律に違反していると判断して禁止され、今はほとんど見かけなくなりました。

とはいえ、いわゆる「ガチャ」のシステムは今でもオンラインゲームの定番です。多くの場合は無料の範囲内のゲームを進行して貯めたポイントなどを使って、何回かのガチャができたり、1日1回は無料でできる、というようなものが多いのですが、もちろん「課金すれば何十回もできる」「有料の場合は特別なアイテムが出る」というものがたくさんあります。

つまりこうした「課金」と、ゲームの画面内などに表示される広告が、ゲーム会社の収入源ということです。

コンプガチャはほぼなくなったものの、ゲームで遊ぶこと自体は「無料」でも、レアアイテムを手に入れようとすればお金がかかるということは変わりません。

アプリ内課金のある無料ゲームは「入場するのは無料だけど、中に入れば有料アトラクションや売店がたくさんある遊園地」のようなもの。すべてが〝タダ〟ではない、ということはよく覚えておいてください。

## 100円ショップはなぜあんなに安いの？

「モノの値段の決め方」と聞いたとき、その値段の安さから100円ショップを思い出した人も多いのではないでしょうか。

学校で使う文房具も100円、インテリアグッズも食器も100円、生活用品も園芸用品も100円、普通のお店で買えば何百円もしそうな商品がみんな100円。安いから、と行ってみるとついつい、それほどほしくないものまでたくさん買ってしまう。そんな経験もあるでしょう。

そもそも、100円ショップってなんであんなに安いのか不思議ですよね。それにもちゃんと理由があります。

大きな理由のひとつは、「商品を大量に仕入れる」から。

100円ショップでは本部が一括して、ひとつの商品を何百万個という単位で仕入れています。このように大量に仕入れることで1個1個の仕入れ値を下げることができるんですね。

ではなぜ大量仕入れだと安くなるのでしょうか。

たとえば、君が100円で仕入れた商品を120円で売っているとします。この100円が、その商品の「原価」になります。原価とは、商品をつくるのにかかった費用のことを指すのですが、この場合は商品の仕入れ値が原価になります。

原価が100円で実際の販売価格が120円なら、1個につき利益は20円、1カ月に1000個売れたら利益は2万円になりますよね。

ところがあるとき、「1個115円にしてくれたら、一度に5000個買う」という人が現れました。さあ、君はどうしますか。

計算すると利益は7万5000円です。120円で売れば10万円の利益になるので損をするように思えます。

でも、5000個を普通に月1000個ずつ売ったら5カ月かかってしまうんですね。そう考えれば、5カ月分の売り上げをたった1回で達成できるなら、多少値段を下げても万々歳だと君は考えるでしょう。

ほかの人には1個120円で売れば従来の売り上げも見込めるのですから、ここで安くしてもトータルでの利益はアップすることになるんです。

そして、100円ショップが安く売れるのも、この理屈によって大量に仕入れ、仕入れ値を下げることができるからなのです。

そしてもうひとつの理由が「トータルで黒字にする」というものです。

実は100円ショップで売られている商品は、モノによって原価が異なります。原価が40円のものもあれば、80円のものもある。なかには原価が100円といったものもあります。

原価40円なら1個につき60円の利益が出ます。原価が80円のものだと1個で20円の利益しか出ません。原価が120円なんていう商品は、1個売れるたびに赤字になってしまいます。

それでは大してもうからないのでは？　と思うかもしれません。

でも、100円ショップでは、「一度にたくさん買ってくれるお客さんが多い」という強みがあります。安さゆえに「ついでにあれも買っておこう、これも買っちゃえ」といった衝動買いが起きやすいのが100円ショップの大きな〝武器〟なのです。

そのため、原価が高い商品を100円で売っても、同時に原価が安くて利益が大きい商品がたくさん売れればトータルではもうかる、という仕組みになっているのです。

全部100円で売っても利益が出るようにしっかりと考えられているわけ。今度100円ショップに行ったら、並んでいる商品が「もうかる系の商品か、損する系の商品か」、その原価を考えてみると面白いかもしれません。安さの仕組みが見えてきますよ。

この仕組みというのは、実は100円ショップに限りません。

飲食店でもスーパーでも「激安の目玉商品」というのは、お店にとっては「もうからない商品」です。極端な場合は原価より安く販売し、その商品だけでは赤字になってしまうものさえあります。しかし、その商品を買うために店に来た人の多くは、それだけを買うわけではなく、ついでにほかの商品を買ったり注文したりします。ほかの商品はそれほど安いわけではないので、結果的にお店はもうかるというわけです。

## 「個人同士がインターネットで売買」という新しいシステム

### 売りたい人と買いたい人が値段を決めるオークション

オークションという言葉を知っていますか？　自分が売りたいモノを見せて（出品）、買いたい人のなかでいちばん高い値段をつけた人に売る、という売り買いの仕組みです。魚市場のセリや美術品の競売のようなものですね。

基本的には、ほしい人がたくさんいるモノほど値段が高くなっていきますから、オークションの値段決めも「需要と供給の原則」に左右されていると言えます。

そしてインターネットを通じてもっと自由に、身近なモノから珍しいモノ、希少なモノまで、いろいろなモノを売り買いできるのが「ネットオークション」です。

インターネット上にはさまざまなオークションサイトがあり、実に多彩なモノが売り買いされています。

サイトには出品されたモノの「現時点でのいちばん高い値段」が表示されていて、「もっと高いお金を出してもほしい」という人はサイトに申し出ます（入札）。

こうした値段の交渉はあらかじめ決められた期間内で行われ、最終的にいちばん高い値段を申し出た人が、そのモノを買うことができる（落札）わけです。

ネットオークションにはいくつものメリットがあります。たとえば「買う側」なら、

・あらゆるジャンルのモノが集まり、簡単な検索だけでほしいモノを見つけられる
・お店では手に入らないマイナーなモノ、マニアックなモノも買える
・お店でよりも安く買える
・おまけなど、普通のお店では買えない「非売品」も買える

また「売る（出品する）側」ならば、

・お店を持っていなくても売りたいものだけをほしい人に売ることができる
・1軒のお店で売るよりもたくさんの人を対象に販売できる
・フリーマーケットやリサイクルショップより高く売れることも多い
・不用品を売ることもできる
・自分で基準になる値段を決められる

こうした〝いいところ〟が人気を得て、ネットオークションは多くの人たちに利用されています。

でも、ちょっと待ってください。

ネットオークションはいいことばかりではありません。君たちがはじめる前に、デメリット（悪いところ）やリスク（危険）も知っておいてほしいんです。

ネットオークションで多いトラブルは、

「落札してお金を振り込んだのに商品がこない」

「写真とまったく違うモノが届いた」

「ブランド品だと思ったらニセモノだった」

といったものです。その原因は、「相手の顔が見えず、実物も見られない」というネットオークションの特性にあります。


売る相手、買う相手の名前や住所などはわかりますが、本人に会うことはまずありません。そのため本当に信用できる相手なのかどうかわからないというリスクがあり、詐欺にあって騙《だま》される可能性もゼロではないということです。

もし君たちがネットオークションを利用するときには、お小遣いができるうれしさや何でも売り買いできる便利さの裏側に、注意しなければならない「危険」があることも忘れないでください。

## ネットオークションは経済やビジネスの縮図

とはいえ、君たちもいずれ機会があれば挑戦してみるといいかもしれない、とも僕は思っています。

オークションは、僕自身もたまに利用していますが、ネットオークションはモノを売り買いする〝商売〟の縮図であり、それを利用することで、経済やビジネスのエッセンスを勉強できるのではないかと思っているのです。

出品するときは、最初に自分でその商品に基準となる値段をつけます。当然「いくらにすればいいだろう」と考えるでしょう。

高すぎても売れないし、安すぎても「ニセモノじゃない？」「何かワケあり？」と思われて売れない。小さい傷があるけど、どのくらい値引きすればいいだろう？　など、いろいろ考えるでしょう。同じような商品がいくらくらいで出品されているか、その商品は人気があるのか、なぜ買い手がついているのか、なぜ売れていないのか、といったことをチェックすることもあるでしょう。

こうしたプロセスが、世の中のモノの値段の決まり方、モノを売るために必要なことなどを実感できる良い機会になります。

君たちも興味が湧いてきたのではありませんか。

ただし、ネットオークションサイトでは一部利用者の年齢制限もあります。なぜこうした制限があるかといえば、もちろんそこに「リスク」があるからです。

個人間の取引が自由にできるサイトには、「個人情報をよく知らない人に教えるリスク」「クリックだけで高額取引が成立してしまうリスク」「売買に関するクレームが発生するリスク」などさまざまな危険もあります。

それゆえ、「こうしたリスクを理解し、ルールを遵守することの必要性をちゃんとわかった上で利用でき、トラブルが発生したときにも自分で適切に対処できる年齢」ということで、年齢制限がもうけられているということです。

どんなサービスでも同じですが、とくにオークションなどはメリットとデメリット、便利さとリスクをしっかり理解することが大前提。その上でネットオークションを上手に、ルールにのっとってかしこく有効活用してもらいたい。そう思います。

## ネットオークションとフリマアプリの違い

ネットオークションと並んで、もうひとつ注目したいのが「フリマアプリ」です。個人同士で不用品を売り買いするフリーマーケットのこと。お父さん、お母さんが使っているという人も多いかもしれません。

フリマアプリとは、スマホやパソコンを使ってインターネット上でフリーマーケットのようにモノを売り買いできるアプリです。

フリマアプリはスマホで撮った写真で簡単に出品できる便利さや、代金のやり取りを業者が仲介してくれるという安心感などが受けて、若い人たちを中心に利用者が急増しています。

フリマアプリにも実に幅広いモノが出品されています。お店で売っていないモノ、お店で手に入らないレアモノなど掘り出し物を見つける楽しさは、ネットオークションと同じです。

そして最初につけた金額より値段がどんどん上がっていくことが多いオークションと違い、フリマは最初の金額よりも商品の値段が上がっていくことはありません（実際のフリマ同様、お客さんとの値引き交渉によって安くなることはあります）。

「〇〇円で売りたいけど、どうですか？」と出品して、最初に「買います」と申し出た人に売るというシンプルな「早いもの勝ち」の仕組みなので、「ネットオークションは難しそう」という人でも手軽に出品できるのが人気の秘密なのでしょう。

インターネットを通じてお店から買うだけのネット通販ではなく、自分からモノを「売る」ことができるのが、ネットオークションやフリマアプリです。

ほしいものを買うだけでなく、自宅にある不用品を出品してちょっとしたお小遣い稼ぎをする、そんな使い方をしている人たちがぐんと増えているのです。

とくに新型コロナウィルス流行のせいで自宅で過ごす時間が増えたことがきっかけで、フリマアプリの利用はさらに増えたようです。せっかく家にいるのだから、この際不用品を売って少しでも室内を広々と使いたい、収入が減ってしまった分を少しでも補いたい、という人がとても多くなったのです。

## ネットオークションの落とし穴にはまらないために

人気アーティストのコンサートに行って、入り口で〝本人確認〟をされた経験がある人はいませんか？

ちゃんとチケットを持っているのに、どうしてさらに本人確認が必要なのか疑問に思うかもしれません。それには理由があるのです。

２０１５年12月、人気バンドＧＬＡＹのコンサートである騒動が起きました。「コンサートチケットがネットオークションに出品されて転売された」ことが発覚し、それを不正行為として、転売されたチケットを無効にしたというものです。主催者側は新たな転売行為を防ぐために、ホームページで不正チケットの番号を公表しました。

２０１７年には、やはりＥＸＩＬＥのコンサートチケットをネットオークションで転売していた男性が逮捕されています。この男性はファンクラブに入ってチケットを入手し、それをネットで売っていたといいます。

昔からコンサート会場付近には、チケットを持っている人から「余ったチケット」などを買い取って、それをほしい人に高値で売る〝ダフ屋〟と呼ばれる人たちがいたものですが、最初から売ることを目的にチケットを入手して、ネットオークションやフリマサイトで高値で転売するケースが増えましたが、どちらも「犯罪」です。

チケットの高額転売行為などを規制する法律があります。「チケット不正転売禁止法」（特定興行入場券の不正転売の禁止等による興行入場券の適正な流通の確保に関する法律」）と言って、２０１９年６月に施行された新しい法律です。

しかしその後も嵐のコンサートチケットを複数購入し、買った本人は偽造の身分証明書を使って入場、残りのチケットをネットで販売価格よりも高額で転売した人が逮捕され、懲役１年６カ月（執行猶予３年）、罰金30万円の判決を受けた例などもあります。

君たちのような学生にも無縁な話ではありません。

誰であっても、転売目的でチケットを入手し、ネットオークションで転売すれば、それは法律違反になるのです。それが商売ではなく、ただのお小遣い稼ぎのつもりでも違法です。

こうしてチケットが転売目的で買い占められてしまうと、本当にコンサートに行きたいファンの人たちがチケットを買えなくなってしまう、また高値で買わざるを得なくなってしまうことになります。これも転売行為の問題点です。

コンサートに行きたくて、転売されているチケットを買うという行為自体は「違法」にはなりません。でも転売されたチケットだとわかると入場できないケースが増えています。

コンサートの主催者が、チケット購入を申し込んだときに記入した名前と実際に会場に来た人が同じ人か確認する本人確認などを行っているのは、ネットオークションでの転売行為を防ぐための対策のひとつなのですね。

せっかく高値で買ったのに会場に入れないということにもなりかねません。代金を支払ったのにチケットが送られてこないというケースもあります。

転売チケットを買うこと自体は違法ではないもの、そこには大きなリスクもあるということです。

ネットオークションやフリマアプリにはさまざまな商品が出品されています。でもその裏側には、ときとしてこうした法律に触れる行為が潜んでいることも。

君たちが、ネットオークションやフリマアプリに出品するときは、「高く売れそうだけど、これは法律違反にならないか」ということも考えるようにしてください。

ちょっとしたお小遣い稼ぎのつもりが、実は違法行為になってしまうこともあるのですから。

# 2

# 「お金」について、まだあまり考えたことがない君に

毎月もらうお小遣い、アルバイトで稼いだ給料、銀行に預けられている預金や、地方自治体や国家の予算——世の中にはいろいろなお金があるよね。

ここで君たちに質問だ。お金は何のためにあるんだろう。

ほしいモノを買うため？　それも正解だ。だけど、それだけじゃないんだよ。

お金と上手に付き合うために、お金の〝正体〟を知るのはとても大事だ。

だから、この章では「お金の役割」について、君たちに話しておこう。

# お金は何のためにあるのだろう？

## 「お金」はこうして誕生した

日本で、世界で、あたりまえに使われているお金ですが、そもそもなぜお金というものがあるのか、どうして人間は「お金」をつくったのか、考えたことがある？

お金が存在する理由、お金の持つ役割は、世の中のお金のことを知るための最も基本的な知識です。まずそこから話をはじめてみます。

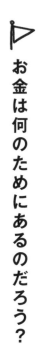

ほしいモノや必要なモノがあったら、お金を払って「買う」——これは君たちだってよく知っている世の中の常識でしょう。

では大昔、まだ世の中にお金がなかった時代には、みんなどうやってほしいモノを手に入れていたのでしょうか。

知っている人が多いかもしれません。そう、答えは物々交換です。

魚と肉、野菜と米、肉と毛皮——自分がほしいモノと相手がほしいモノを、もの同士そのまま交換する。お金が存在しない時代には、それしか方法がありませんでした。

ほしいモノ同士で交換するのだからいちばん話が早くてわかりやすいと思うかもしれないけれど、実はこの物々交換、意外に難しいんです。

もし君が10個のリンゴを持っているとしましょう。そして君は「今日は肉が食べたい」と思っています。現代なら、リンゴを売ってお金に換えて、そのお金で肉を買うことで、君は肉を手に入れることができます。

でもお金がない物々交換の時代は、そう簡単にはいきません。

まず、肉を持っている人を探さなければいけない。

もし肉を持っていても、その人はリンゴなどほしくないかもしれない。

——これでは物々交換はできません。

「肉を持っていて、しかもリンゴがほしい人」が見つかるまで、君は肉を手に入れることができないことになります。

いつまでも持ち歩いていたら、リンゴだって傷んでしまうでしょう。さあ、困りました。

そこでまず人々が思いついたのが、「モノの交換に、きれいな貝がらや石を仲立ちとして使おう」というアイデアです。

そして自分の持っているモノを貝がらと交換しておき、モノ同士ではなく、貝がらのやり取りをすることでお互いがほしいモノを手に入れようと考えたんですね。

そうすれば肉がほしい君の場合、リンゴ10個分に相当する貝がらに換えて持っていれば、リンゴを持ち歩かなくてもその貝がらで肉と交換することができます。もちろん、肉に限らず、ほかのモノだって手に入れることができるわけです。

——このようにモノとモノを交換する際の「仲介役」として使われた貝がらや石が、お金の起源、お金のはじまりです。

## お金は「価値のものさし」になる

また、お金には「価値を計るものさし」という重要な役割があります。

モノを売り買いするとき、サービスに対する報酬を支払うとき、それらの価値を「みんなが知っている共通の数字や単位」で統一しておこうというわけです。

さっきの話ならば、たとえば、

肉1かたまり＝貝がら10枚
魚1匹＝貝がら3枚
リンゴ1個＝貝がら2枚

などなど。

このように、事前にみんなで話し合って、モノの種類や数と、それに対応する貝がらの枚数を決めておく。そうすれば、「何がどのくらいの価値なのか」をみんなが同じように理解できます。

現在、日本では「円」という単位のものさしを使ってモノの価値を計っているんですね。このものさしは、アメリカの「ドル」、中国の「人民元」、イギリスの「ポンド」など、国によって異なります。

## お金は「貯めておける」

物々交換には、モノが傷んだり腐ったりしてしまうという欠点がありましたね。さっきの話でも、リンゴを肉に交換したくても相手が見つからず、いつまでも持ち歩いていたらリンゴはだんだんに傷んでしまうでしょう。「ほしい人が見つかるまでとりあえず持っていよう」ということができないんですね。

でも、それでは都合が悪いわけです。「今すぐリンゴがほしい」という人にとっても、「リンゴを売ってくれる人」がいつ見つかるかわからないのでは、やっぱり困る。

その点、腐ったりしない材質の「お金」にしておけば、いつまでも保存しておくことができます。今使わなくても、将来のために蓄えておくこともできます。

それに肉や魚、果物のようなモノと違って場所も取らないので保存しやすく、持ち歩きもしやすいというメリットもあります。

このように「価値を保存できる、価値を貯めておける」のもお金の役割のひとつなのです。

## お金が「お金」であるために

### ただの紙切れがなぜ1万円になるの？

君たちはお札を見て、疑問に思ったことはありませんか。「どうしてこの四角い紙1枚に1万円もの価値があるんだろう？」と。

お札、紙幣と言われれば、いかにも価値がありそうに聞こえるけれど、モノとして見れば、人や数字が印刷されているただの紙切れにすぎません。実際、1枚の1万円札をつくるためにかかる費用（原価）は約20円程度といわれています。

そんな紙切れが、なぜ「お金」として流通し、使われているのでしょうか。

それは、お金には「信用」があるからです。

もっと簡単に言えば、みんなが「これは1万円の価値がある紙だ」と認めているから、ということ。「この紙（紙幣）はそのへんにあるただの紙切れではなくて『お金』としての力を持っているんだ」と、みんなが「信用」しているからこそ、それだけの価値があるのです。

じゃあ、その信用はどこからくるのか。どうしてみんながその紙切れの価値を信用しているのでしょう？

それは、「お金は勝手につくれない」からです。日本では紙幣を発行できるのは日本銀行だけ。だから紙幣には「日本銀行券」と印刷してあるのです。日本の政府は、日本銀行がつくったお札だけを「これはお金です」と認めているのです。

日本銀行以外の機関や個人が、似たような紙とインクとプリンターでいくら精巧につくっても、それはただのニセ札。君たちがお札と同じ大きさの紙に「1万円」と書いたところで、それは本当にただの紙切れです。

日本銀行以外でつくられたものは、いくら上手にできていても、いくら高価な紙を使っても、一切「お金」とは認められません。

・日本銀行のほかは誰も勝手につくれないこと。
・日本国が「日本銀行がつくったお金には価値がある」と認めていること。

この2つの理由があるから、私たちはみんな、お札を「お金」だと信用して使っているのです。

つまり、「国が決めた価値」をみんなが信用しているということ。

ならば、もし日本という国が誰からも信用されなくなったらどうなるでしょうか。そのときは、今使っているお金の価値はなくなってしまいます。みんなが「こんな紙切れに、国が言うような価値はない」と思うようになったら、その国のお札はまさに〝紙くず〟になってしまうのです。

## お札をどれだけ刷るかは誰が決める？

日本で紙幣（お札）を発行しているのは中央銀行である日本銀行（日銀）、

だからお札には「日本銀行券」と印刷されているというのは今説明したとおりです。

紙幣をどれだけ刷るかについても、日本銀行のトップである日本銀行総裁が決めます。政府のトップである総理大臣が決めることはできません。

なぜ政府が「お金を刷る量」を決められないかというと、過去にいろいろな失敗例があるからなのです。明治時代は、政府がお金を刷る量を決めていましたが、当時戦争の費用を調達するために、紙幣を大量に刷ったことで、お金が世の中に必要以上にあふれて、モノの値段が上がりすぎ、人々の生活が混乱に陥ってしまったことがありました。

こうした反省をふまえて、紙幣の量は政府が勝手に決めるのではなく、政府から独立した日本銀行が、ちゃんと世の中の景気や、人々の生活を考えた上で決める、ということになったのです。

政府が「もっと刷ってもらいたい」と思っていても、日銀は「今は刷りすぎないほうがいい」といった判断をすることも少なくありません。

## 硬貨はいっぺんにたくさん使えない!?

では、もうひとつのお金である「硬貨」はどうでしょう。紙幣に比べると、硬貨1枚の「価値」は小さいですが、1000円札1枚は500円玉なら2枚、100円玉なら10枚と交換できますから、紙幣も硬貨もあまり変わりがないように見えます。でもよく硬貨を見てみましょう。1円、5円、10円、50円、100円、500円と、現在6種類の硬貨が流通していますが、どの硬貨にも「日本国」と書かれています。「日本銀行」の文字はありません。

紙幣と硬貨で記されている文字が違う理由は、日本の紙幣と硬貨は、別のところでつくられているからです。

紙幣は日本銀行がつくっていますが、硬貨のほうは日本政府がつくっています。そのため硬貨には「日本銀行券」ではなくて、「日本国」と記されているのです。

紙幣をつくる量は日本銀行が決めますが、硬貨の場合は日本政府が決めています。

紙幣はうっかりつくりすぎると経済全体に与える影響が非常に大きいため、日銀が権限を持っています。でも、硬貨なら万一多少つくりすぎても、経済に与える影響はそれほどでもないだろうということで、「硬貨は国がつくってもいいですよ」ということになっているのです。

ちなみに硬貨は「補助貨幣」とも呼ばれており、紙幣の補助的なお金という存在になります。そのため、基本的には日本国内でしか使えません。

また、紙幣が一度に何枚でも使えるのに比べて、硬貨はひとつの種類につき20枚までしか使えません。代金を21枚以上の硬貨で支払おうとしても、お店は受け取りを断ることができます。21枚以上であっても、お店によっては受け取ってもらえることもありますが、貯めていた1円玉を1000枚持って、コンビニで1000円分の買い物をしようとすれば、まず間違いなく断られてしまうでしょう。1円玉を一度に使いたければ、普段利用している銀行に一度全部預金して、改めて1000円を引き出してから使う必要があるのです。

## 銀行はいちばん身近なお金の会社

ここで改めて「銀行」について考えてみましょう。

なぜみんな銀行に預金をするのだろう?

どの街にもあり、多くの人たちにとってお金に関わるいちばん身近な場所、それが銀行です。

君たちのなかにも自分の銀行口座があって、自分の通帳があって、そこに預金をしている人は多いと思います。

そもそも、どうしてみんな自分のお金を銀行に預けるのでしょうか。何か〝いいこと〟があるから、多くの人が銀行に預金しているはずです。

銀行に預金するいちばんのメリットは、「利息がついてお金が増える」ことです。

銀行の「普通預金」や「定期預金」などにお金を預けると、期間に応じて利息がつくことでお金が増えます。

利息(利子も同じ意味)とは、簡単に言えば、お金を借りた人がお金を貸した人に支払う〝貸し出し料〟のようなもの。

私たちが銀行にお金を預けると利息がつく（もらえる）ということは、裏を返せば「私たちが銀行にお金を貸している」ということ。だから利息がもらえるのです。

かつて、銀行に預けたお金の利息だけで豊かに暮らせるといった、うらやましい人もいたといいます。

しかし時代は変わり、最近ではその状況も大きく変わってきています。というのも、今は預金金利がほぼゼロ。つまり銀行にお金を預けても、ほとんど利息がつかないからです。利息で暮らすなど、夢のまた夢。預金したところで、目に見えてお金が増えるなんてことはなくなっています。

ただ、ドーンと大きく増えることはありませんが、「預けたお金が減らない」というのは銀行預金の重要なメリットといえます。

また、貯めたお金を家に置いておく〝タンス預金〟と比べて、ドロボーに盗まれるといった盗難リスク、火事などでお金が失われる災害リスク、間違って捨ててしまう紛失リスクなどが格段に低くなります。銀行に預けることが防犯・紛失対策になるわけです。

さらには銀行口座をつくって預金しておくと、毎日の生活でいろいろと便利なことがあります。

もし、急に現金が必要になっても、いちいち家に戻らず、ＡＴＭで必要なときに現金を下ろすことができます。

また、ある程度のお金を銀行に預けて口座をつくっておけば、君たちがアルバイトしてもらう給料はその口座へ振り込んでもらえます。ひとり暮らしをはじめたら、電気代や水道代、スマホ代の支払いは銀行口座から自動引き落としのほうが楽です。さらに、いずれ君たちがクレジットカードを持つときも銀行口座が必要になります。ここにお金を預けておけば、日常生活でこうした銀行口座を介したお金のやり取りがスムーズに行えるんですね。

利息は限りなくゼロに近くてお金はちっとも増えないけれど、毎日の暮らしには欠かせない。だからみんな銀行に預金しているわけです。

## 銀行はどうやって利益を出しているのだろう？

お金を預かって盗難や紛失から守り、少ないながらも利息を支払い、口座引き落としを介して煩わしいお金のやり取りを代行する――ここだけ見れば、銀行はどうやってもうけているのかわかりませんよね。

でも、銀行だって利益を追求する「会社」です。行員のみんなに給料も払わなければなりません。

だから、銀行は当然ながらキッチリ利益を出しています。では、銀行はどうやってもうけているのでしょうか。

それは「銀行は貸し付けによって預金通貨を創造できる」という信用創造の仕組みと大きく関係しています。

君たちが預けたお金を元手にして、銀行はそのまま貸出を行っているわけではありません。銀行は借り手の預金口座に貸出金相当額を入金記帳することで、会社や個人に貸し出しています。つまり、銀行は銀行が持っているお金＝原資を必要としない状態から預金通貨を生み出すことができます。これを「信用創造」と言います。

そして会社なら「新しい工場を建てたい」とか「仕入れや経費にかかる運転資金を調達したい」、個人なら「家を建てたい（住宅ローン）」とか「子どもの学費に充てたい（教育ローン）」「クルマを買いたい（自動車ローン）」といった人たちに貸し出すのです。

信用創造により生み出した預金通貨を、お金が必要なところに貸して、貸した相手からは利息と合わせて返してもらうわけです。


「お金を預けてくれた人には少なく利息を払い、お金を貸した人からはそれよりも多くの利息をとる」


これが、銀行が利益を出す基本的な仕組みです。つまり、銀行は利息の差額でもうけているわけです。

また信用創造による融資のほかにも株を買ったり、国が発行する国債を買ったり（国にお金を貸すということ。あとで説明します）、外国為替相場などでお金を増やして利益を上げようとしています。さらに金融が自由化されたため、以前は証券会社や保険会社だけが扱っていた商品の販売にも力を入れるようになっています。

預かったお金を上手にやりくりして増やすことを「運用」と言います。君たちが預けたお金に利息がつくのは、銀行が君たちのお金を〝借りて〟運用しているからです。

ところが、この構造も実はたいへん苦しくなってきています。日本銀行が決める「金利」が非常に低い状態が続いていることがその原因です。貸す場合も借りる場合も、超低金利でもはやゼロに近い。

銀行も融資や運用だけでは利益が出にくくなっています。そこで、投資信託や生命保険を窓口で販売するようになり、その手数料で利益を出そうとしています。

ともあれ、貯金箱や部屋の引き出しにしまっているお小遣いは、ただ眠っているだけのお金です。でも銀行から金融商品を買ったり、銀行が信用創造により融資をすれば、そのお金は回り回って、お金が必要な会社や個人のもとに回っていきます。

普通預金や定期預金の利率は果てしなく低いですが、信用創造によりお金を借りた会社は活発に活動できて、新たな商品やサービスを生み出します。お金を借りた個人は、家やクルマなどを購入します。すると住宅会社や自動車会社がもうかります。

銀行はみんなのお金を集める一方で、信用創造により生み出した預金通貨を広く届け、借り手の返済によって創造した預金通貨を消滅させるポンプのようなもの。人間の体にたとえれば、「銀行が心臓で、お金が血液」とも言えます。

こうしてお金は世の中を回り、経済は動き、発展していくのです。経済が不安定になったとき、国が銀行を助けようとするのは、文字どおり銀行が経済の〝心臓部〟とも言えるからなのです。

## 「銀行」と「信用金庫」、何が違う？

お金を預けたり、お金を借りたりするところといえば、真っ先に思い浮かぶのは銀行でしょう。ただ君たちも街で、「○○信金」「○○信用金庫」という看板を目にしたことがあるのでは？　駅前や近所の商店街にもあるでしょう？

信用金庫も銀行と同じように預金や融資などの業務を行っている会社です。では、扱っている仕事は同じなのに、なぜ呼び名が違うのでしょうか？　大人でも「2つの違いがよくわからない」という人が意外に多いのです。

銀行と信用金庫のいちばんの違い、それは「成り立ち」です。

銀行は株式会社です。株式会社ですから、いちばん優先されるのは株主の利益になります。

一方、信用金庫は株式会社ではありません。その地域の人たちが利用者（会員）となって、お互いにお金を融通し合うことを目的につくられた金融機関です。会員みんなからお金を預かる一方で、お金が必要な会員に融資するなど、お互いに助け合って運営されているのが信用金庫なのです。

当然、利益を追求しない「非営利団体（法人）」で、地域社会の活性化への貢献がいちばん優先されます。

また銀行が大企業を主な取引先としているのに対して、信用金庫の取引先は地元の中小企業がメインです。

さらに銀行には「○○支店」があるように、全国各地に幅広く営業エリアを展開しています。

一方、「地域で預かったお金は、地域の会社や地域の人に還元する」という考え方によって生まれた信用金庫は、その営業エリアも地元に限定されています。

君たちが金融機関と付き合うことになったときは、自分に合った金融機関を選んでほしいと思います。

なお「ネット銀行」と言われるものも登場していますが、これは街なかに「お店」をまったく持たず、インターネットだけで運営している銀行のことです。お店の家賃や窓口で働く人の人件費がかからない分、街なかにある銀行に比べ手数料が安い、金利が多少高い、パソコンやスマホで口座開設などの手続きができるというメリットもありますが、システムのメンテナンス中に利用できない場合があること、セキュリティ面でのリスクがゼロとは言えないこと、対面のサポートがないこと、公共料金の口座振替などに対応していない場合があること、などのデメリットもあります。

## 「日本銀行」の3つの役割

銀行も信用金庫も、さまざまな企業や僕たち「個人」と取引をします。でも日本でひとつだけ、企業も個人も直接的に取引できない銀行があります。

それが日本銀行、略して「日銀」です。「お札を発行しているところ」として説明しましたね。

日本銀行は、町にある一般の銀行とは業務が大きく異なります。主な業務は次の3つ。

①「発券銀行」として紙幣（日本銀行券）の発行と管理

日銀は日本で紙幣を発行できる唯一の銀行です。世の中に出回るお金の量を調節することで物価や景気を安定させます。

## ②「銀行の銀行」としての業務

日銀は、君たちが普段利用している銀行から預金の一部を預かったり、銀行にお金を貸し出したりと、「銀行に対する銀行業務」を行っています。

## ③「政府のサイフ」としての業務

日銀は、国（政府）が僕たちから集めた税金や、国が国債を売って得たお金（つまり国が借りたお金）を預かります（そのお金は公共事業の費用や公務員への給料などに使われます）。

なかでもとくに重要な役割が①の「通貨の管理による物価や景気の調節」です。日銀の業務はいずれもが世の中に出回るお金の量のコントロールに欠かせないもの。機を見て紙幣を発行したり、銀行への金利を調節してお金の貸し出しを調整したりすることで、景気対策や極端なインフレ（物価が上がること）やデフレ（物価が下がること）の抑制を行っています。

つまり日本という国全体のお金を管理し、コントロールしているのが日銀なのです。国の金融や経済の中心を担っていることから、日銀は「中央銀行」とも呼ばれています。

## 電子マネーは新しいお金の形

今、都市部では、電車に乗る前に券売機で切符を買う人がとても少なくなってきました。駅の改札前にずらりと並んでいた券売機の数もずいぶん少なくなりました。

なぜなら、多くの人が鉄道やバスで使える交通系のＩＣカード（Ｓｕｉｃａなど）を使っているからです。

君たちがもし電車で学校に通っているなら、ＩＣカードの通学定期を持っているでしょう。お父さんの通勤定期もＩＣカード式になっているはず。

さらにスマホにもカードを取り込むこともできるので、駅の改札口でスマホをかざすだけで乗車ができます。

ポケットやバッグにスマホひとつ入っていれば、定期券の入ったパスケースを持ち歩く必要もありません。

そして、これらのICカードは電車に乗るときだけでなく、駅売店やコンビニなどで買い物ができたり、ファストフード店、ファミレスなどでの支払いに使えるようになっています。しかも支払いができる店がどんどん増えています。

電子マネーは交通系のほかに、流通系電子マネーやクレジット型電子マネーもあります。

流通系電子マネーとは、スーパーやコンビニ、通販サイトなどで発行しているものです。

クレジット型電子マネーというのは、クレジットカードそのものに電子マネー機能がついているタイプです。同じクレジットカードでも、サインや暗証番号を入力する手間が不要でコンビニやタクシー料金などを支払うとき、手軽に利用できるというメリットがあります。

もちろん電子マネーといっても、「お金」に違いはありません。店頭でお財布から現金を支払わなくても、代金はちゃんと相手に渡ります。そのお金がどこから出てくるのかといえば、当然使う人の銀行口座からです。

ただ、「支払い時期」が3種類あります。

ひとつは、「事前にある程度のお金を払っておき（チャージ）、それを少しずつ使い、残高がなくなったら、また追加でチャージする」という仕組みになっているもので、これを「プリペイド型カード」と言います。

プリペイド型カードは、チャージしてある金額しか使えないため、使いすぎを防止できます。さらに、使ったらすぐに残高の確認ができるため、利用状況がわかりやすく、お金の管理もしやすくなります。

しかも小銭を探したり、おつりをもらったりする手間が省けるため、レジでの支払いがスムーズになるといったメリットもあります。

インターネットやスマホで、音楽や動画を視聴したり、ダウンロードするための支払いに使えるカードにも、プリペイドカードがありますが、これらは基本的に「使い切り」でチャージはできないタイプのカードです。

僕が子どものころには、「図書券」や「文具券」がよくプレゼントなどに使われて、「2000円の図書券」があれば、本屋さんで2000円分の買い物ができました。これの「電子版」ということです。

クレジットカード系の電子マネーは、すぐその場でお金が銀行から減るわけではなく、後日、毎月決まった日にまとめて引き落とされる仕組みです。プリペイドカードのようにカードの残高を気にする必要はありませんが、後日確実に支払う必要があります。「前払い」のプリペイド型に対して「後払い」のポストペイ型です。そのため、その場では便利でも、うっかり使いすぎてあとで後悔するということもあり得るというわけ。クレジットカードについてはあとでもう一度説明しますが「サインがいらないクレジットカード」と思ってください。

デビット型というものもあり、これは電子マネーで支払いを済ますと、直後に銀行口座からお金が自動で引き落とされます。もし銀行口座の残高が足りないと、支払うことはできません。「今銀行口座にある金額以上は使えません」

というタイプなので、使いすぎの防止にも役立つといえるでしょう。これもカードをスマホに取り込んで利用することが可能です。

そして最近増えているのがQRコード・バーコード決済型です。

これはスマホならではのシステムです。お店のレジなどでスマホアプリのQRコードやバーコードを読み取ってもらえばそれで支払い完了になります。お店の端末によっては、お客さんがレジにあるQRコードを自分のスマホで読み取って支払う場合もあります（ユーザースキャン式）。いずれにしても、お店側とお客さんの間で、カードの受け渡しも現金の受け渡しもなく、新型コロナウィルス感染防止という意味でも、支払いが「すばやく、かつ非接触でできる」というメリットがあり、しかもお店側が導入しやすいシステムなので、この数年で一気に広まりました。とくにユーザースキャン式ならば、お店の人はスマホを読み取るために新しい機器を用意する必要もありません。小さなお店でも簡単に導入できるため、どんどん広まっています。

## 電子マネーのリスクも知っておこう

電子マネーの利用者はこの数年、たいへんな勢いで増えています。総務省の統計によると、電子マネーを持っている人がいる世帯は、2020年4～6月の調べでは69・7%。

コロナの影響だけではなく、政府も電子マネーの普及を推奨しています。マイナンバーカードを普及させるためのサービスとして、「マイナンバーカード登録」「マイナンバーカードと保険証の連携」「マイナンバーカードと銀行口座の連携」によって、電子マネーとして使える「マイナポイント」を最大2万円分受け取れるようにした（申請期限は2023年5月末）ということも、マイナンバーカードの普及とともに、電子マネーの利用が進んだ理由のひとつでしょう。マイナポイントは、電子マネーに付帯するポイントとしても使うことが可能です。

ここまでの説明だと、電子マネーはいいことずくめのように思えますが、やはり注意してほしいリスクはあります。

まず、たいへん手軽に使えるため、どうしてもムダ遣いが増えがちだという こと。以前のように「お財布をのぞきこんで残高と相談して、本当に買いたいものかどうかをちょっと考える」という時間が不要になってしまったため、使いすぎてしまうんですね。「お財布がからっぽ」になることを実感しないので、チャージ分がなくなっても、すぐクレジットカードからチャージを繰り返すことになりがち。意識していないかもしれないけれど「クレジットカードからのチャージ」というのは、「借金」なのです。

使いすぎが心配な場合は、プリペイド型の電子マネーにしたり、デビット型にするなどしておいたほうがいいと思います。

また、電子マネーは他人に不正利用されるというリスクもあります。これは暗証番号やパスワードを、すぐに他人が推測できるような単純なものにしないことや、あちこちのサイトで同じものを使いまわししない、といった注意で防ぐ努力をすることも大事です。

ほかに、いったん電子マネーにチャージしてしまうと現金に戻すことができない、できても時間や手数料がかかる、ということもあるので、くれぐれも「よく使うし便利だから」と、大きな額をいきなりチャージしないことをおすすめします。

さらに貯めたポイントに「利用期限」があることもしばしばです。しかも、「利用に応じたポイントは期限なし」でも「キャンペーンや特典でもらったポイントは期限つき」といったこともあるので、気をつけていないとポイントをムダにしてしまいます。

「初回利用キャンペーン」「アプリダウンロードでポイントプレゼント」といったPRに惹かれて、あっちもこっちも、とたくさんのサービスを利用しはじめると、なにがなんだかわからなくなることもありがちです。

あらかじめよく調べて、いちばん自分が使いやすく、自分にとってのリスクが低そうなタイプを選んで利用するのがいいと思います。

電子マネーを含む「ポイント」をあれこれ集めて有効活用することを、最近は「ポイ活」と言うそうです。

確かにチリも積もれば山ですからうまく利用すれば節約になるし、自分自身がどんなお金の使い方をしているかを細かく把握する機会にもなると思います。

ただ、あまりにも複数のポイントを同時に集めようとすると、管理が面倒になりすぎる上、「ポイントが貯まるから」と、さほどいらないものまで買ってしまうことにもなりがちです。いくらポイントが貯まるといっても、いちばんお金がかからないのは「買わないこと」なんですが。

ちょっと節約しつつ楽しみのひとつとしての「ポイ活」ならいいですが、あまりハマりすぎるのも、かえってたいへんじゃないかなあ、と僕は思ってしまいます。

## 「お金持ち」ってどんな人だと思う？

「お金持ちになりたいですか？」——こう聞かれて「NO」と答える人は少ないでしょう。誰だってお金はほしい。僕だってほしい。それが人間というものです。

でも、そもそもお金持ち（富裕層とも呼ばれます）ってどんな人のことなのか、考えたことがあるかな。お金をたくさん持っている人――もちろん、それはそう。ならば、どれだけ持っていたら「お金持ち」になるのでしょうか。たくさんお金を稼ぐ人、つまり収入の多い人がお金持ち――そんなイメージがあるかもしれません。

確かにそう考えることもできますが、でも、稼いだ分だけ、片っ端から使ってしまうような人は、お金持ちにはなれない。

逆に仕事で稼ぐお金は少なくても、家を持っている、土地を持っている、ビルを持っているなんていう人もいます。こっちのほうがなんだかお金持ちっぽいですよね。

つまり、稼ぐお金の多い少ないだけで「お金持ち」かどうかは決められないということ。どれだけ稼ぐかではなく「どれだけ資産（財産）を持っているか」が、お金持ちかどうかを決めるポイントになると考えればいいでしょう。

では、どのくらい資産を持っていればお金持ちになるのでしょうか。さらに上を行く「大金持ち」になるにはどのくらいの資産が必要なのでしょうか。

ＲＢＣウェルス・マネジメントというカナダ最大の銀行によれば、「１００万ドル以上の投資可能資産を持っている人」が富裕層、つまりお金持ちだとされています。

投資可能資産とは「使えるお金」ということ。売らなければお金にならない家や建物といった不動産、美術品などのコレクション、自動車やピアノ、家具といった高価な家財などは、資産ではあるけれど投資可能資産にはなりません。

わかりやすく言えば、現金のようにすぐ使えるお金を100万ドル、日本円にすれば約1億2000万円（1ドル120円の場合）を持っている人がお金持ち、というわけです。

また野村総合研究所（野村総研）という会社は、現金や預貯金、株式などを1億円以上持っている人が富裕層（お金持ち）で、それが5億円以上あると超富裕層（大金持ち）と定義しています。

ざっくり言えば日本なら「使えるお金を1億円以上持っているかどうか」がお金持ちの目安になると考えればいい。だから宝くじで7億円当たれば一瞬にして大金持ちになれるわけです。

でも前にも言ったように、いくら稼いでも使ってしまっては富裕層にはなれません。常に1億円を持っていることがポイント。

都心に1億円のマンションを買って引っ越したら、翌日から銀行残高ゼロでは「お金持ち」とは言えない。もっともこの場合は買うほうが間違ってるよね。

ただし、です。「お金持ち＝幸せ」「お金持ち＝人生が豊か」とは限らないのも、これまた世の中というもの。

もちろんお金持ちに憧れるのはいいけれど、お金持ちになることだけが目的になるのはちょっと違うと僕は思っています。

よく「あの世にまでお金は持って行かれない」と言います。お金をたくさん持っている人ほど、そのお金で何ができるかを考えるべきだというのが僕の考えです。

ただお金持ちになることではなく、そのお金で何がしたいかを考えて、「したいこと」のためにお金持ちを目指す。君たちにはそうであってほしい。そう思います。

## 貯金するだけでは「豊か」になれない

前述のように、お金は血液のようなものといわれます。人間にとって血液は、体内に必要な栄養分を運んでくれるという、とても大事な役割を担っています。

つまり、カラダのなかを血液がスムーズに流れていることで、君たちは健康でいられる。血液のめぐりが悪くなって、カラダのあちこちに血だまりができると健康は損なわれてしまいます。それはわかりますよね。

お金も、人間にとっての血液と同じだということ。お金のめぐりが悪いと世の中のあちこちの機能に支障が出て、調子が悪くなってしまいます。この状態を「景気が悪い」と言います。

お金が活発に世の中をめぐる（＝血行が良くなる）ことで、世の中（＝カラダ）が元気になる、というわけ。

では、世の中にお金を快調にめぐらせるにはどうすればいいでしょう？

人間だったら、血のめぐりを良くするためには「運動」が効果的。世の中にお金のめぐりを良くするために、最も効果的なことは、ズバリ「使う」ことなのです。

考えてごらん。たとえば、君がお店でボールペンを買ったとしよう。

①君が財布から出して払ったボールペンの代金は、そのお店の売り上げになる。
②その売り上げは、お店で働く人の給料や次の商品を仕入れるお金になる。
③仕入れのために払われたお金は、今度はボールペンをつくる会社の売り上げになり、新商品の開発に使われたり、そこで働く人たちの給料になったりする。
④お店やメーカーで働く人たちは受け取った給料で、毎日の生活に必要なものを買ったり、サービスを利用したりする。君たちのお小遣いにもなる。
⑤君たちもそのお小遣いでほしいものを買う。
⑥その売り上げは――

ほら、君が最初のお店で払ったお金は、世の中をめぐりめぐって旅をして、また君の手元に戻ってきたでしょう。

世の中に旅立ったお金は、行く先々で新しい価値を生み出したり、誰かの生活を支えたり、人生を豊かにしたりしているのです。


もちろん、ムダ遣いをしろと言っているのではありません。将来のためや、いざというときに備えてお金を貯めておくのもとても大切なことです。後先を考えずに使いすぎたり、不要なものばかり買ったり、身の丈に合わない使い方をしてはダメ。

しっかり考えて、かしこく上手に使わなければ、逆に君たちの生活を苦しめることになります。

でも、だからといって、みんながお金を家にしまい込んで誰も使わなかったら、世の中は血行不良になって動きは鈍くなり、新しいものは生まれず、人々の暮らしも豊かにはならない。景気という名の「世の中の体調」が良くならないのです。

お金は、ただ眺めているだけでは本来の役割を果たせません。お金は「使われてナンボ」のものなのです。

先々のこともちゃんと考えながら、使うべきお金を上手に使って、世の中にお金をめぐらせていく。

「ただ持っているだけ」のお金持ちになるより、お金を使いこなして世の中に貢献していく。自分も豊かになって、世の中も元気になる。そんな上手なお金の使い方、かしこい生かし方を知ることも、君たちがすべき大事な勉強だと思っています。

# 3

## まだ「一人前」の少し手前の君に

人から何かを借りたら、きちんと返す。「いついつまでに」と決めたら、それまでに返す――あたりまえのことだよね。

お金だって同じ。いや、お金のほうがもっとシビアだ。このあたりまえを必ず守れる人だけに〝お金を借りる資格〟があるんだよ。

君たちにはお金を借りることのシビアさを知ってほしい。そして〝お金を借りる資格〟について考えてほしいと思う。

## 「借金」について知っておこう

### お金の〝貸し出し料〟が利息というもの

お金を貸す（預ける）と「利息」がもらえて、逆にお金を借りると「利息」を払う必要がある。これが銀行やそのほかの金融業者（お金を貸す仕事をしている業者）とお金の貸し借りをするときの基本システムです。

利息とは、お金の「貸し出し料」のようなもの。たとえば君たちがレンタルDVDを借りるときには貸し出し料金を払っていますよね。それと同じように、お金を借りるときには「利息」と呼ばれる貸し出し料がかかる。「すぐにお金を貸してもらう代わりに、返すときは貸し出し料も払う」というわけ。それが「利息」と言われるものです。一般的に利息はお金をたくさん借りるほど、長い期間借りるほど高くなります。

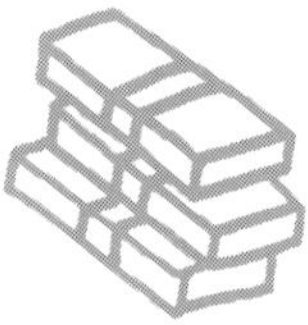

そして、この「お金の貸し出し料」＝利息をいくらにするかを計算するときに使われるのが「金利」です。

金利は「借りたり貸したりした元のお金（元本、元金）」に対しての割合で決められます。たとえば「金利5％」なら、借りたお金の5％分が利息になります。

また、金利は「年利」といって、「もともとのお金を1年間借りた場合の利息」として決められるのが一般的です

たとえば「年利5％で10万円を借りた」場合、

10万円（もともとのお金）×5％＝5000円

となって、1年後に発生する利息は5000円です。お金を借りてから1年たって返すときは、元のお金に利息を加えた「10万5000円」を返すことになるわけです。

こうした金利には「これよりも高くしてはいけません」という上限がありま

す。これを法定利率（上限金利）といい、利息制限法という法律で定められています。

そして現在の上限金利は、借りるお金が10万円未満なら年利20%、10万円以上100万円未満なら年利18%、100万円以上なら年利15%となっており、これを超えた金利を設定すると罪に問われます。

ちなみに金融モノのドラマや映画などでよく出てくる「トイチ」という言葉がありますが、これは「10日で1割の利息」という意味です。つまり10日後には10%の利息が発生するということ。10万円借りたら10日後には11万円返さなければいけないという〝目の玉が飛び出るくらいの高金利〟ということ。もちろん違法です。

## 簡単に借りられるお金ほど金利が高くなることがある

「お金を貸してくれるところ」と聞いたら、どこを思い浮かべるだろうか。

僕たちの世代、つまり君たちの親世代なら、まず「銀行」かな。

銀行の融資といえば、貸す相手は企業というイメージが強いかもしれませんが、個人でもお金を借りることができます。まずいちばん身近なのは、住宅ローンや自動車ローンなど。これは、家を建てるための資金、自動車購入のための資金を借りるということです。住宅も自動車も、普通の家庭が買うものとしては非常に高価なものですから、現金で一度に支払える人は多くありません。そこで、銀行からまとまったお金を借りて、何年~何十年かかけて返していくということになります。長いローンになりますから、金利も大きくなるけれど、手に入れた住宅に住みながら、クルマに乗りながら、返していくことができます。お父さんやお母さんの世代の多くは、この住宅ローンを利用して、今の家やマンションを買い、そこで子どもたちを育てたのです。ただし、途中で返せなくなると、住宅や自動車を手放して売り、そのお金で残額を支払わざるを得なくなってしまいます。

さて、「住宅ローン」「自動車ローン」で借りたお金の使いみちは、それぞれ「住宅購入資金」「自家用車の購入資金」に限られるけれど、いわゆる銀行カードローンで借りた場合、お金の使いみちは自由。「○○銀行のカードローン」というテレビCMも近年はずいぶん増えてきましたよね。これは2010年に「貸金業法」が施行されたことによるのですが、それについてはあとで説明します。

銀行のカードローンを利用してお金を借りるためには、それ相応のハードルがあります。まずほとんどの場合は、その銀行に口座を持っていることが前提となります。さらに「ちゃんと返せる人かどうか」「返せるだけの収入はあるのか」「返す意思があるかどうか」といった審査に合格する必要があります。

銀行がしっかり審査をして、「この人なら貸してもOK」と認めた人にお金を貸し、その代わり借りる人は約束を守ってきっちり返済する——銀行カードローンは、こうしたお互いの信用の上に成立しているということです。

## 銀行カードローンと消費者金融、どこが違うか

「お金を借りる」と聞いて、若い君たちが思い浮かべた会社の中には、テレビCMや看板、車内広告などでよく見るものも多いでしょう。

これらのうちのいくつかの会社は銀行ではなく、個人に対して比較的少額(数

万円〜数十万円くらい）のお金を貸す業者で「消費者金融」と呼ばれているものです。銀行ではありませんから、お金を預かったりはしてくれません。

こうした会社が発行するカードをつくり、ＡＴＭなどで「気軽に」お金を借りるというのが一般的な利用法。返済もＡＴＭほか、いろいろな方法で手軽にできるというのが大きなウリです。

銀行に比べれば「審査」が厳しくないために、簡単に、かつ早く借りることができるのです。

ただそうなると、なかには借りたけれど返せない人だって出てくるでしょう。それでは会社はやっていけません。

そこで消費者金融では、返せなくなる人がある程度出てくることを見越して、その分も含めて金利を高くしています。

消費者金融のほとんどは年利を上限金利いっぱいの18％（借入10〜１００万円未満の場合。10万円未満は20％）に設定しています。これに対して銀行カードローンの金利は最大で15％前後。銀行カードローンと比べても、高く設定されています。

10万円で3%の違いなんてたいしたことない？　そんなことはありませんよ。10万円なら3%で3000円の違いが出てしまうのですから。

また、返せない人を見込んでいるからその分金利が高いということは、そこでお金を借りると、返せない人の分まで利息を払うことになるともいえます。

銀行ローンのほうが「安心」な気はするかもしれませんが、審査が通ると、銀行は消費者金融よりも大きな金額まで貸してくれる場合もあります。借りる気になると消費者金融以上の金額を借りてしまう、ということにもなりかねません。もちろん銀行も無条件にいくらでも貸す、というようなことはありませんが、借りすぎてしまうリスクはあるのです。実は銀行のカードローンが増えたのは2010年以降の話です。このとき貸金業法という法律が施行され、消費者金融の場合、年収の3分の1以上のお金を借りることはできなくなりました。しかし、「銀行」は「貸金業」ではないので、年収の3分の1を超えて、お金を貸し出すこともできるのです。

世の中にはいろいろな理由で「すぐにお金を借りたい」「年収の3分の1以上借りたい」という人もいます。銀行から多額のお金を借りすぎて、どうにもならなくなるという人もいます。なかには複数の銀行や消費者金融などからお金を借りている「多重債務」といわれる状態になってしまい、こちらのお金を返すために別のところから借りて、そこのお金を返すためにさらに別のところから借りるしかないという、非常に厳しい状態に追い込まれてしまうこともあるのです。

## ハードルが低い借金ほどリスクは高い

審査が厳しくてすぐには借りられないけれど金利がやや低い銀行カードローンと、すぐ借りられるけれど金利が高い消費者金融のカードローン。どちらも一長一短で、メリットとデメリットがあるということです。

もちろん、急な出費があった場合に、カードローンなどで助かった、という人もたくさんいます。けれど、こうしたローンというのは、「生活費が足りないから」とか「旅行に行くお金がほしいから」といった理由で安易に借りるべきではありません。きちんと定期的に返せるアテがある場合に限り、あくまで

「短期的」「一時的」なものとして考えてください。

銀行のカードローンにせよ、消費者金融にせよ、「手軽に借りられる」「すぐ借りられる」ことばかりをウリにしているようなテレビCMや電車の中吊り広告を見ると、僕はとても心配になります。「手軽に借りられるお金」ほど、リスクは高い、ということをよく覚えていてください。

## 「クレジットカード」の正体

### なぜ現金なしで買い物ができるのだろう？

ここでカードの話をもうひとつ。これは、君たち若い人たちに限らず、すべての大人にとってても大事な話です。だからこそ、早いうちにしっかり理解しておいてほしい。

「支払いはクレジットカードで」「クレジットカードと連携すればさらに便利」——君たちもこんなセリフを聞いたことがありますよね。

現金を持っていなくても、カードを提示する、あとはサインをする（暗証番号のケースも）だけで買い物ができたり、レストランで食事ができたりする。

それがクレジットカードです。

電子マネーの話をしたとき、すでに少しクレジットカードの話を書いてしまったのだけれど、改めて基本から説明しておきたいと思います。

ネットショッピングの場合、クレジットカードの持ち主の名前、番号、カードの期限、裏面に書いてあるセキュリティコードだけで買い物ができてしまう場合もあります。サインも、暗証番号もいらない。

お店でも、少額の場合はカードさえ渡せばサイン不要のケースがあります。


中高校生の君たちはまだクレジットカードを持てないけれど、18歳になったら利用することになるだろうクレジットカードについて、ここで簡単に説明しておきたいと思います。

買い物をする側は現金不要でも、それではお店にはお金が入りません。買った品物の代金は誰が払うことになるのでしょう？　もちろん最終的に支払うのは買い物をした本人ですが、実際に銀行の口座からお金が引き落とされるのは「後日」。買い物をしたときすぐには支払わなくてもいい、というだけのことです。つまり、買い物をした人から言えば「後払い」ということ。

クレジットカードとは、先に商品（サービス）を手に入れ、支払いはあとでするという仕組みです。

「クレジット」という言葉には日本語の「信用」という意味があります。つまり、売る人と買う人がお互いを信用して、「先に品物を渡すから、お金はあとでいいよ」という約束をする。クレジットカードはそのための〝信用の証し〟なのです。

映画やドラマで、居酒屋でお酒を飲んでいた常連のお客さんが「大将、ツケにしといて」と言ってお金を払わずに帰っていくシーンを見たことがありませんか。

大将と常連客とはよく知っている間柄でお互いに相手を信用しています。だから大将は常連客の飲み代を毎回ではなく、月末にまとめて払ってもらう。大将が常連客を「月末にはきちんと払ってくれる人」だと信用しているから「ツケ」というやり方ができるわけです。

信用があるから「後払い」できる。うんとおおざっぱに言えば、「クレジットカード」の仕組みもこれと似たようなものです。

## クレジットカード払いは「借金」と同じ

クレジットカードの仕組みを簡単に説明すると、

①利用者がクレジットカードで買い物や食事をする
②クレジット会社が、料金を立て替えてお店に払う
③利用者は後日クレジット会社に立て替えてもらった代金を返す

という流れになります。


「今は現金がないけれど、すぐこの商品がほしい！」

という人がいて、

「必ず後でお金を払ってくれるなら、今、この商品を渡してもいいよ」

という人がいたとします。

この両者＝つまり買いたい人（お客さん）と、売りたい人（お店）を結びつ

ける〝仲介役〟になっているのが、ここに登場する「クレジット会社」、つまりクレジットカードを発行している会社です。

クレジット会社は買いたい人と売りたい人、両方から手数料をもらうことで利益を上げています。

クレジット会社は、クレジットカードで買った人の代金を立て替えて店に払います。そして買った人は、あとでその代金分をクレジット会社に返すわけです。

そして、ここが大事なところ。

一時的にせよ「お金を立て替えてもらっている」のですから、クレジットカードでの買い物というのは、実は「借金」と同じだということです。

手元にお金がなくても買い物ができてしまう――これはとても便利なことです。でも一方では、とても危険なことでもあります。

その場でお金を払わなくていいのですから、買い物をしても食事をしても、そのときはサイフや銀行口座にある現金は減りません。

するとついつい調子に乗ってどんどん買い物をしてしまい、届いた利用明細と請求書の金額を見て愕然とする――こうしたケースもよくあります。

クレジットカードを使っても、クレジット会社が「商品を買ってくれる」わけではありません。あくまでも立て替えているだけ。今すぐには払わなくていいけれど、当然、いずれは返さなければいけません。

クレジットカードで買い物をするとは、「クレジット会社からお金を借りて買う」ってこと。

1回払いや2回分割払いであれば、利息はかかりませんが、それ以上になると利息も支払わなくてはなりません。

近い将来クレジットカードを持つ君たちは、今からそのことをまずちゃんと覚えておいてください。

## クレジットカードは〝信用〟がなければ使えない

クレジットカードを使うということは、借金をすることですから、お金を貸す側のクレジット会社だって誰にでも貸すというわけにはいきません。「ちゃんと返してくれる人」でなければ貸せないのはあたりまえです。いつまでたっても立て替えた分を返してくれないような人にクレジットカードを発行してしまったら、クレジット会社は損をしてしまいます。

そこで、クレジット会社はカードを発行する前に「この人は本当に借りたお金を返すことができるのか」「信用できる人なのか」、いわゆるお金の「返済能力があるか」を調べるわけです。これを「審査」と言います。銀行のカードローンや消費者金融も同じことですね。

審査では、カードの申し込み者がどんな会社に何年間勤めているか、正社員か契約社員か、お給料はどのくらいもらっているか、よそで借金をしていないか――こうしたことをしっかり調査します。

そして「この人はちゃんとお金を返してくれる（返済能力がある）」ことが確認できて、ようやく「あなたを信用して、カードを発行しましょう」となるのです。

## ブラックリストって本当にあるのかな？

ところが、もしも立て替えられたお金を期日までに返せないと、この信用がガクンと下がってしまいます。するとクレジット会社に「この人にはもうお金を貸せない。立て替えはできない」と判断されて、クレジットカードが使えなくなることがあります。

さらに「返せない人」という情報は登録され、ほかのクレジット会社や銀行などの金融機関にも伝わります。

こうした状態をよく「ブラックリストに載る」と言います。君たちも聞いたことがあるかもしれません。

ただ、実際には「ブラックリスト」なんてタイトルの名簿があるわけではありません。

僕たちがクレジットカードをつくったり、銀行でローンを組んだり、消費者金融からお金を借りたりすると、どんな場合でも氏名や住所、生年月日、勤務先、年収、借金の額といった個人情報が「個人信用情報」として記録されます。これは、たとえば「全国銀行個人信用情報センター」や「日本信用情報機構」など「信用情報機関」といわれるところで管理されており、それぞれの会社が情報として共有するのですが、もしも「お金を返せなかった」「期日を守らなかった」といったことがあると、こうした情報もそこに記載されることになり、これが「ブラックリストに載る」と表現されているのです。

消費者金融、銀行、クレジット会社などは、いずれも「信用のない人、お金を返してくれそうもない人」には、できるだけお金を貸したくはありません。

ですから、カード発行やお金の貸し付けなどを行う前の「審査」では、必ずこの信用機関に保存されている個人の信用情報を調べます。あるクレジット会社で支払いが遅れたりしたことがあると、ほかの会社のカードを申し込んだ場合も審査が通らずに「ダメ！」と言われてしまうことがあるということ。

本やゲームソフトを貸すと、毎回それっきり返してくれない人には、ほかの友だちも貸さなくなるでしょう。それと同じことです。

たまたま一度だけ、返済が1日遅れてしまったことがある、というぐらいでいきなり「ブラックリスト」ということはありませんが、借りたものをきちんと返すことは、「信用」のいちばんの基本。クレジットカードも友だち関係も、信用が大事だということです。

## クレジットカードの「キャッシング」を甘く見ないこと

クレジットカードは商品を〝ツケ〟で買うだけでなく、そのカードで現金を借りる機能もついています。これが「キャッシング」（クレジットカード付帯型キャッシング）。しかも、銀行やコンビニのＡＴＭなどですぐさま利用限度枠以内なら現金を借りることが可能です。

カードでお金を借りるという意味では、キャッシングは一括返済が基本ですが、あとはだいたい先に説明したカードローンと似たようなもの。キャッシング機能をつけた場合、クレジットカードの審査はつけない場合よりも厳しくなり、給与明細など収入を証明する書類の提出を求められる場合もあります（消費者金融系のキャッシングでも同様です）。

キャッシングなんて言うとカッコよく聞こえますが、カードでお金を借りるのですから、これも立派な「借金」です。

しかもクレジットカードの場合、買い物をするときの手数料とキャッシングの利息は別計算で、キャッシングの利息は年利15〜20％前後とかなり高めに設定されているので注意が必要なのです。

クレジットカードのキャッシングも、銀行カードローンも、消費者金融のカードローンも、カードをATMに入れて暗証番号を入力するだけでお金を引き出せる手軽さがウリ文句になっています。

そのため、「ちょっとお金が足りないな」というとき、あまり深く考えずに利用する人が少なくありません。

でも、出てくるお金は自分のお金ではありません。あくまでも借金です。借金だから、当然利息を払わなければなりません。

借りるときは気軽でも、返すときには高い利息を払うことになり、それがネックになってお金が足りなくなって、足りない分をまた借りる——こうしてキャッシングやカードローンを繰り返す〝落とし穴〟にハマってしまう人も大勢います。返済できずに自己破産する人も少なくないのです。

クレジットカードは便利です。僕だって使っています。それに大人になって社会に出れば「あまり多額の現金を持ち歩きたくない」「銀行からお金を下ろしたくても近所にATMがない」というときもあります。クレジットカードを1枚持っていれば、それでお店の支払いを済ませることもできるし、「しまった！　明日友人の結婚式なのに給料日前で、銀行にお金が1万円しか残っていない！」というときならば、緊急避難的なキャッシングに助けられることもあるかもしれないね。

ただ君たちには、手軽だからといって「借金は簡単だ」と思わないでほしいというのが僕のお願いです。

君たちに覚えておいてほしいのは、お金を借りたら利息という貸し出し料を支払う必要があるということ。借りた金額だけ返せばいいわけではないということです。

カードで手軽にお金を引き出せる便利さは、知らないうちに「あたかも自分のお金を引き出している」という錯覚を生み出しかねません。でもどんなに手軽でもそれは借金です。それも利息の高い借金です。

「なんとかなる」ではダメ。利息のことも理解してきちんと返済できる。それができない人はお金を借りる資格がないのです。お金を借りようと思ったときは、本当にお金を借りる必要があるかどうか、そして自分に借りる資格があるかどうか、よく考える習慣を身につけてほしいと思います。

そして、もっと基本的な姿勢として、「借金なし」で日常生活ができるよう、計画的にお金を管理することの大切さを知ってください。自分の収入、そして毎月確実に必要な支出を自分でちゃんと把握し、「数カ月後に必ず必要になるお金」なども頭に入れておきましょう。

その上で「自由に使えるお金」を把握する「知恵」を身につけてほしいと思います。お金の管理には、昔ながらの「小遣い帳」もいいけれど、今はとても便利な家計管理アプリもあるようです。ここは君たちのほうが得意だろうから、探してみてください。お店のレシートをスキャンして登録するだけで金額をリストにしてくれるものなどもあります。

## 大学生になったときに気をつけてほしいこと

### 君たちはいつからクレジットカードを持てるのか？

信用がないとクレジットカードは持てないこと、リスクもあることはわかってくれたと思う。

では、君たちはいつからクレジットカードを持てるようになると思う？

僕が学生の頃は、まだ学生がクレジットカードを持っていなくても困ることなんかほとんどなかったけれど、最近はどうしてもオンライン書店で本を買いたいとか、音楽をダウンロードして聴きたいとか、サブスクリプションに登録して映画や音楽を好きなだけ楽しみたい……など、だんだんとクレジットカードを持っていたほうがプリペイドカードや銀行振り込みよりも便利なんだけどなあ、というシーンも増えてきた。クレジットカードでなければ登録できないものも増えている。

だから、君たちが「なるべく早くクレジットカードを持ちたい」と思う気持ちはよくわかります。

でも、その基本をまず、よく知っておいてほしい。


まず、基本的に18歳になればクレジットカードをつくることが可能です。

「はじめに君たちへ」に書いたとおり、成年年齢は2022年4月1日から、以前の20歳から18歳に引き下げられましたが、実はそれ以前からもクレジットカードは18歳以上からつくることが可能でした。ただし、そこには「親の同意」が必要でしたが、今回の改正で、「親の同意」は基本的に不要になりました。

大学進学のために18歳から親元を離れてひとり暮らしをしている学生さんにとって、いざというときにクレジットカードがあることはとても心強いと思います。

高校在学中に18歳になる人もいます。それもあって、多くの高校生が「クレジットカード」に関心を持っているようです。オンラインでショッピングをしたいということもあるし、そもそもクレジットカードがないと買い物ができない場合もあります。買い物の内容についていちいち親の許可をもらったり、家族カードを持っていたとしても、あとから親に履歴を見られたりするのもいやだ、ということもあるでしょう。

自分でクレジットカードの契約ができれば、そうしたことからは自由になれます。

とはいえ、クレジットカード会社も「いくら20歳といってもきちんと支払いができそうにない人」には、カードを発行してくれません。これは20歳以上の人に対しても同じことで、ちゃんと審査があります。

民法上の「成人」であっても、クレジットカードは18～20歳未満の人に「親の同意があること」を審査条件にしていることが多いのです。要するに「申し込みは可能だが、審査が通るとは限りません」ということ。

民法上の成人である18歳といえば、高校在学中か大学生、または社会人です。いずれにしても、すぐさま安定的な収入が確保されるとはなかなか言い難い年齢といえるでしょう。もちろん高校を卒業してすぐに就職して定収入が見込まれる人もいると思いますが、それが大多数とは言えません。

そのため、カード会社としては、基本的には「高校生」はクレジットカード発行の対象外としています。大学生の場合は、発行可能としていますが、支払い能力に対する「信用」は当然低くなります。

30歳、40歳であってもクレジットカード会社の審査が通らないことはしばしばありますから、18歳の場合も同様で、「申請したけれど通らなかった」ということが起こり得ます。

2023年2月時点で、「18歳以上であれば親権者の同意なくクレジットカードの申し込みは可」を公式ホームページで明記しているのは少数です。といっても、もちろん「申込みは可能ですよ」というだけです。

18歳の申込者にカードを発行する一般的な条件は、

・高校を卒業している
・親の同意がある（親権者に電話確認あり）
・携帯電話など連絡先がある
・本人確認書類を提出すること
・大学生あるいは専門学校などの学生であること、またはなんらかの仕事をしていること
※浪人生、無職の場合は原則的不可

必ずしも、18歳になったからすぐ無条件でクレジットカードがつくれる！とは思わないようにしてください。

## 「学生専用」のクレジットカードってどんなもの？

こういう状況を考えると、どうしても18歳ですぐにカードをつくりたい、というのはちょっとばかりハードルが高いかもしれません。

大学生の場合、最も確実で安全なのは「学生専用クレジットカード」です。

学生専用クレジットカードの審査には、親の仕送り額やアルバイト収入などの条件もあるけれど、「定期収入を得られるアルバイトをしていなくても発行可能」など、一般のクレジットカードよりも審査基準が緩いものが多い。ただし、ほとんどの場合、利用限度額が10万~30万円までに抑えられています。「少ない」と思う人もいるかもしれないけれど、学生ならこれで十分。逆に考えれば「使いすぎを防げる」という非常に大きなメリットがあるといえるよね。

ほかにも在学中は年会費が無料だったり、サービスが多彩だったりというメリットもあるけれど、どうしてこんな「学生に有利なカード」があるのだろう。わかるかな?

それは、学生のうちから将来の顧客を囲い込んでおきたいというクレジット会社の狙いがあるからです。「学生の頃からウチのカードを持っていれば、大人になっても継続して使ってくれるだろう。ずっとお客さんになってくれるはず!」というわけ。

クレジット会社にとって、学生は将来の大事なお客さまなんだね。そこのところをよく覚えておこう。

## 大学が発行するカードもある

「学生」と名がつくクレジットカードのなかには、大学が大手クレジット会社と提携して、在学生に向けて発行するカードもあります。

だいたいこういうカードは、在学中は年会費無料で、卒業するとほぼ自動的に普通のカードに移行する。そこからは利用枠も増え、キャッシングなども可能になるわけです。

卒業生や教職員など、在校生以外の大学関係者向けに発行されているカードもある。こうしたカードは、会員がクレジットカードで買い物をすると、そこで発生する手数料の一部が大学に支払われるという仕組みになっています。つまり、大学カードを発行して使ってもらうことで「大学にお金が入る」というわけだ。

つまりカード会員は、カードを利用することで「大学を支援している」ことになる。そうやって母校のために寄付をしているようなものなんだね。

『大学カード』には、在学生向けと卒業生及び関係者向けの2つがあります。後者は大学支援が目的の「同窓会」的な意味合いのカードといえます。

また大学独自ではなく、大学生協が発行する学生用クレジットカードもあり、こうしたカードは、18歳以上の在校生や大学の教職員などが申し込むことができます。

君が将来、大学に進学したら、そうしたカードの存在をチェックしてみるのもいいと思う。

## 「デビットカード」って知ってるかな

デビットカードは、店で支払いに使うと、カードに紐付けされた銀行口座から使った分がすぐに自動で引き落とされます。

お店のレジで支払いをするとき、現金の持ち合わせがなくてもキャッシュカードと暗証番号だけで支払いに使えます。代金は銀行口座から即座に自動引き落としになるというもの。もちろん銀行に残高がなければ使えない。

デビットカードは借金ではなく、自分のお金を使うためのカードだから、発行時の審査は必要ない場合が多く、高校生でも銀行口座さえあればほぼ無条件でつくれます。

サイフと同じだから、買い物をする時点で、自分の銀行口座にそれだけの残高がない場合は使えない。あたりまえだよね。また、支払いは1回払いのみで分割やリボ払いはできない。

しかし、〝自分の持ち金〟だけしか使えない。「だったらクレジットカードのほうが便利」と思うかもしれないけれど、残高以上の買い物はできないということは、使いすぎる心配もないということ。借金をしてまでお金を使うことができず、使いすぎの歯止めにもなるのはメリットと考えられるよね。

現在、デビットカードを利用している人は、クレジットカードほど多くはない。でも「口座に残高がなければ使えない」「借金ではなく、自分のお金で払う」などクレジットカードに比べて安全性が高い。

これを電子マネーと連携させて利用すれば、クレジットカードと連携するよりも使いすぎは防げるので、おすすめしたいと思います。

## 「学生ローン」を安易に使ってはいけない

大学生になれば、日々の人付き合いの幅も大きく広がっていく。20歳になってお酒が飲めるようになれば、友人たちとの飲み会もあるだろう。繰り返すけれど、成人年齢が18歳に引き下げられても、お酒が飲めるのは20歳からなので、誤解しないようにね。

サークルの仲間と海外旅行に行く、休暇中にスキーやスノボに行く、ドライブに行く——自由な時間も増えるから、趣味や遊びの幅だって広がっていく。

ということは、大学生になれば、そしてさらに成人になれば、その分だけお金がかかるとも言えるわけだ。とくにひとり暮らしであれば、親からの仕送りがあったとしても、家賃や光熱費などの生活に必要なお金も必要になってくる。

もちろん、自分でアルバイトをして学費から生活費まで工面しなくてはならないという学生もいるだろう。
アルバイトをして使えるお金が増えても、その分、出ていくお金だって増えていく。となると、どうしても「やばい、金欠だ」という事態も起きるだろう。クレジットカードを持っていたとしても、その支払いができなくなれば同じことだ。

僕だって大学時代はそうだった。そんなときは知恵を絞って節約生活をしたり、アルバイトに精を出したりして乗り切ったものだ。でも、高い時給につられて話を聞きに行ったら、かなりヤバイ仕事だったこともある(どんな仕事だったかは内緒。もっともその仕事はしなかったけどね!)。

でも、なにかと出費がかさんだり、急にまとまったお金が必要になったりで、バイト代や仕送りだけじゃぜんぜん足りない、ということにもなりかねない。もちろん、そんなことにならないように、計画的な生活をする、というのが大前提なのだけど。
けれど、どうしても「お金を借りたい」というときがあるかもしれない。

「親には頼めない。でも、お金を借りることは親には内緒にしたい、バレたくない」というのが学生の正直な気持ちかもしれないね。親に心配をかけたくない、叱られたくない、さらなる負担はかけられないなど、いろんな心情（いや、言い訳かな？）がアタマをよぎるだろう。

たとえ正当な理由があったとしても、お金を借りていることをできるだけ人に知られたくない、と思う人は、学生ではなくても少なくない。自分でお金をほとんど稼いでおらず、親のスネをかじっている学生ならばなおさらだ。

こうしたとき、先に説明したクレジットカードのキャッシングを利用してしまう、という人もいるだろう。けれど、学生が持てるカードのキャッシング枠は少ない。

ヘタをするとすでにその枠を使ってしまっている、ということもあり得る。さらに「友だちといっしょに夏休みに旅行に行きたい」とか、もう少しまとまったお金が必要になったとき、キャッシングでは利用限度額が足りないということもある。そんな学生に「お金を貸しますよ」と微笑んでくれるように見えるのが「学生ローン」というものです。

学生ローンというのは、先に説明した「消費者金融」が学生にお金を貸すサービスのこと。そのほとんどは、借りられる限度額が50万円以内という小口（少額）になっている。

お金を借りる際には書類審査や本人確認といった基本的な審査はあるけれど、クレジットカードをつくるときよりも審査に通りやすいのが特徴といえる。

そして、お金を借りたい学生にとっての大きなメリットとなっているのが、「親にバレずに借りられる」という点だ。

お金を借りる際の申し込み書に、自分の携帯電話の番号を書いておけば、業者から確認の電話があっても親に気づかれることはない。本人の同意を得ずに親に連絡をすることはないという業者も多い。

学生ローンは「親バレしない」のがウリ。だからこその学生ローンだ。学生に借りてほしい業者は、その点をよくわかっているんだね。

もうわかっていると思いますが、「こりゃ便利！」と思ったら大間違い。審査が簡単で、親にもバレず、早くお金が借りられる学生ローンは、便利さの半面、それ以上の「怖さ、恐ろしさ」も持っている。

いくら親にバレないと言ったって、返済が何度も滞れば、どんな業者だって必ず親の住所を調べて連絡する。

自力で返せないほどの借金をすれば、当然のことだよね。あまりにも簡単に借りられることから感覚がマヒして、気がついたら借金が大きく膨らんでしまう学生だって少なくないということだ。

学生ローンの借金を返済するために大学の授業をサボって毎日バイト漬け。当然のように成績が下がって単位も取れない。学生ローンでの借金のために留年、中退になってしまうケースだってあるんだよ。

ある学生ローンの公式ホームページには「18・19歳で新規融資をご検討のお客様へ」として、新規にお金を借りる場合は「収入証明の提示が義務付けられています」と表示されています。給料明細やウェブ明細、メールでも給料明細、会社名が確認できる通帳などを示してほしいとありますが、「アルバイト先・勤務先への在籍確認など電話連絡はしない」とけっこう目立つ文字で書かれている。

この「電話連絡しない」ところはけっこう「甘い誘惑」になってしまうこと

があるかもしれない。実は今はまったく仕事をしていないのだけど、どうにかそれらしいちょっと前のバイト明細を送るなどして切り抜けられる、と考えてしまう人もいるかもしれないよね。

でも、それは結局自分で自分の首をしめてしまうことになる。

何度も繰り返すけれど、いくら便利でも、「すぐに返せるさ」「どうにかなるさ」という気持ちでお金を借りては絶対にいけない。

若いうちは遊んだっていいし、趣味にハマったっていい。でも学生の本分は、やはり学業だ。

遊ぶためのお金、旅行に行くためのお金、デートするためのお金――それは本当に「借金してまで必要なお金」なのかを考えなければいけないんだ。

お金に縛られて、お金のためだけに大切な時間を奪われないように。君たちには、今のうちから「お金を借りること」の怖さを知り、きちんとお金を管理できる習慣を身につけてほしいと思う。

## 親にも相談できないときは公的な機関に相談しよう

もうひとつ。もしも、気をつけていたつもりなのにお金が足りない、あるいは、ヘンな業者からお金を借りてしまった、うっかりネットで高い買い物をしてしまったが思っていたものとは違っていたので返品したい、身覚えのない高額請求がいきなり届いたなど、お金に関する心配ごとがあったら、けっしてひとりでなんとかしようとしないこと。

本当は親に相談するのがいちばんいい。

どんなに叱られても、親に事情を打ち明けて、助けてもらえないだろうかと頼んでみてほしい。

ただ、いろいろな事情でどうしても親には頼めないという状況もあるでしょう。その場合には、まず学校の相談窓口を頼ること。大学には学生のこうした悩みの相談に乗ってくれる担当者が必ずいます。「親にはとても相談できない」ことを正直に話してみてはどうだろう。学費のことなら奨学金や教育ローンのことも教えてくれるし、借金をしてしまったという問題でも必ず相談に乗ってくれる。大学がアルバイトを紹介してくれるケースもある。

さらに、知っておいてほしいのは次の機関。

とくに全国にある消費生活センターは、「お金が足りなくて困っている」「電気代が払えない、どうしよう」「どこに相談すればいいかわからない」といった相談でもまったくOKなので、ぜひ覚えておいてください。

友だちに相談したり、ネットで調べたり、ということもできると思うだろうけれど、結局は専門家に直接聞くのがいちばんの近道、ということも知っておいてほしい。

いずれも相談無料の公的機関です。基本的には本名、住所などを明示した上での相談になるけれど、それによっていきなり親や兄弟姉妹に連絡が行くようなことはない。電話、メール、対面などいろいろな相談方法があるので、ホームページなどで調べて相談してください。

・消費生活センター

・日本弁護士連合会
・日本司法書士会連合会
・日本司法支援センター（法テラス）
・日本クレジットカウンセリング協会
・日本貸金業協会
・全国銀行協会相談室

# 借りたお金の返し方

## 「分割払い」と「リボ払い」はどう違う？

カードローンにしろキャッシングにしろ、借りたお金は返さなければなりません。その際、お金の返し方には一般的に「一括払い」「分割払い」「リボルビング払い（リボ払い）」の3種類があります。

借りたお金と利息を合わせた金額すべてを一度で返すのが「一括払い」です。これはわかるよね。

ただ「分割払い」と「リボ払い」の違いについては、大人でもわかっているようでわかっていない人が大勢いる。

分割払いとは「支払い回数を決めて払う」方法のこと。5万円の現金を借りて返済を分割払いにする場合、５万円を何回に分けて支払うか回数を決めるわけです。

たとえば、

５万円を５回で支払う　↓　１万円×５回＋利息
５万円を10回で支払う　↓　５０００円×10回＋利息
５万円を20回で支払う　↓　２５００円×20回＋利息

支払い回数が多いと金利は高くなりますが、金利を含めた毎回の返済額は、元金が減っていく分利息も減るのでだんだん少なくなっていく。

リボ払いとは「毎月の返済金額を決めて払う」方法のこと。自分で「毎月◯円ずつ払う」と設定しておくわけだ。

たとえば「毎月１万円のリボ払いにする」と決めた場合、５万円借りても10万円借りても、毎月の返済額は元本と金利を合わせて１万円です。

つまり毎月の返済額は変わらず、借りた金額によって支払いの回数が変わってくる。

5万円借りて毎月1万円ずつ返すのだから、5カ月で支払いが終わるように感じるかもしれないけれど、金利分支払い期間は長くなります。

クレジットカードで買い物をしたときの支払い方法も、基本的にはこの3つです。

## リボ払いには「危険」がいっぱい

たとえば、の話です。

君がキャッシングで10万円を借りて、「毎月5000円ずつのリボ払い」にしたとします。

同じキャッシングでA君も10万円を借りて、「5回の分割払い」にしたとします。金利は18%としておこう。

その返済額を比べると、君は毎月5000円、A君は毎月2万円＋利息になりますね。毎月の負担だけを考えれば、君はA君の約4分の1で済みます。

では返済する期間を比べるとどうだろう。

分割払いのA君は返済回数が決まっているので、利息がついても毎月確実に元金が減って、5回で返し終えることができます。

しかしリボ払いの君は、毎月5000円と負担は少ないけれど、払い終えるまでに24カ月もかかる計算になります。そしてその間、利息も払い続けなければなりません。

そして半年後に、君もA君もまた10万円が必要になって借りたとしましょう。5回分割のA君は、前回と同じように2万円＋利息を5回払って、そこで返済が終わります。

ではリボ払いの君はどうだろう。毎月5000円の支払いですから、月々の負担は変わりません。でも君は　まだ前回の10万円の返済が終わっていません。そこに今回の10万円の返済が追加され、すべてを払い終えるのに35カ月以上もかかってしまうことになります。

しかも返済期間が長くなればそれだけ、毎月の返済額に占める利息の割合が大きくなります。いくら返してもそれが利息の支払いに割り当てられてしまい、なかなか元金（もともと借りたお金）が減らないという事態になってしまいます。

リボ払いには毎月の負担がラクというメリットと同時に、こうした危険も潜んでいるのです。お金は借りないに越したことはありませんが、もし借りるのであれば、返済方法は目先のことだけでなく慎重に検討する必要があるということです。

## もし払えなくなってしまったら？

万一、カードで利用した代金が支払えなくなってしまったらどうすればいいでしょうか？

たとえば、クレジットカードで2万円の買い物をして、その銀行引き落とし日が翌月の10日だったとします。君の予定としては、月末にバイト代が銀行に

5万円くらい振り込まれるはずだから、そのお金があれば支払える、と考えていた。ところがバイト代が思ったより少なく、しかも飲み会に誘われたりして10日の銀行残高が2万円を下回ってしまった！　といったことです。

この場合、だいたいカード会社からすぐに「残高不足で引き落としができませんでした。◯日に再度引き落とし手続きをしますので口座に入金しておいてください」という通知が来ます。その期日までに銀行口座に入金できれば2万円は自動的に引き落とされて、ペナルティなどはありません。

それができなかった場合は、だいたい「二度目も引き落としができませんでした。こちら（クレジットカード会社が指定）に振り込むか、コンビニなどで支払ってください」という通知が来ます。

さて、ここまでで支払いが無事済めば、大事にはならないのですが、それでも支払わないとカードが使用停止になることもあり、次は督促状が届き、さらには内容証明郵便が届くということになります。内容証明郵便というのは、受け取った以上「通知を受け取ってません」「届いていません」という言い訳ができない郵便のことです。

「次回の引き落とし時に残高が足りない！」ということがわかった時点でいちばんいいのは、その段階ですぐにクレジットカード会社に連絡することです。

まだクレジットカードを持っていない君たちには「遠い話」に聞こえるかもしれないけれど、これはカードを持ったとたんに誰にでも「あり得る」話です。「ついうっかり」ということもあります。

でもとにかく、気づいたらいち早く連絡することが大事。電話などで連絡すればオペレーターがすぐ対処法を教えてくれます。そのときもしも期日までにお金を用意できそうにないとわかっていたら、正直に（ここが大事）「その日には払えそうにない」ことをちゃんと伝えることです。その上で、「いつなら払えるのか」「いつまで払えそうにないのか」なども率直に話して「支払う気はある」ことをちゃんと伝えれば、支払い期日前であれば分割払い、リボ払いへの変更などにも応じてもらえます。

ただ何度もそうしたことを繰り返すと、カードの利用はできても「利用限度額」などが引き下げられることがあります。

くれぐれも、安易に別の消費者金融や銀行のカードローンなどを利用して、足りない分の穴埋めに使うようなことはしないでください。確実に給料などのまとまった金額のお金が入金される予定があるのならば、超短期的にこうしたものを利用する方法も考えられますが、自分に「2万円のクレジットカードの請求分を支払い、すぐさま借りた2万円も返済する」ことが本当に可能かどうか、落ち着いてよく考えてみましょう。

とにかく、借金を借金で返すようなことを考えてはいけません。

## 借金のイメージが変わってきている

### 借金はそんなにカジュアルなものじゃない

君たちは「お金を借りる、借金をする」ことにどんなイメージを持っているでしょうか。

少し前まで、世の中には借金に対してあまりよくないイメージを持っている人が多かったと思います。

ところが最近、世の中の、とくに若い人たちの借金に対するイメージが大きく変わってきているように思えます。

その大きな原因のひとつは消費者金融や銀行カードローンなどのテレビCMの影響でしょう。「夢をかなえるために」といった前向きな明るいイメージと、デートで奮発するときに、パーティに行くときに、といったカジュアルで手軽なイメージ。好感度の高そうな有名タレントも起用されている。これらを前面に打ち出したCMを、今やテレビで見ない日はありません。

もちろん、消費者金融や、そのイメージ戦略のすべてを否定するつもりはありません。誰にでもお金が必要な「ここぞ」「いざ」という状況はあります。上手に、かしこく利用すれば、そうしたときの助けにもなってくれることはあるでしょう。

でも、これだけは忘れないでください。どんなに手軽で便利でも、どんなにイメージが良くても、どんなに人気のタレントが出演していても、「借金」なのだということを。「お気軽にどうぞ」とは、「お気軽に借金してください」という意味だということを。

お気軽に借りようが、借りたお金は返すのがあたりまえ。返すときにお気軽な「ちょっと待って」は通じません。

夢をかなえるのも、デートで奮発できるのも、借りたお金をきっちり返せるという確信があってこそです。

「絶対にお金を借りるな」とは言いません。君たちもこれから先、大人になれば、家を買う、自動車を買う、子どもが大学に進学する——といった何百万円単位での大きなお金が必要になることもあります。そんなときは銀行からお金を借りてローンを組むこともあるでしょう。お金を借りるからこそ、暮らしが豊かになることもあります。もちろん、自分で会社を起こしたいと思えば、銀行などから融資を受けることが必要になります。

ですから借金に悪いイメージだけを持つのは間違いです。でも、だからといって深く考えずに「借金をカジュアルで便利なもの」と捉えないでほしいのです。

やはり、お金を使うなら自分が払える範囲で使うのが基本。君たちには、借金をすることのハードルを下げすぎず、できる限り高めに設定してほしいと思います。

## 経済を回す「良い借金」もある

安易で無計画な「なんとかなるさ」の借金、遊ぶお金ほしさのカジュアル気分の借金はすべきではありません。

ただ、借金はすべて悪いのかというと、それはまた別の話です。景気を良くするには、世の中のお金のめぐりを良くすることが大事。それならば、銀行がお金の足りないところに、貸し付けによって貯金通貨をどんどん創造すれば、それだけお金を使う人（消費活動をする人）が増えて世の中のお金が回るようになります。

たとえば、借金をするから人は大きな金額の買い物ができます。お金を借りずに現金で家を買える人はそうそういません。住宅ローンという借金をすることで家が買える。また借金によって「不動産」という資産を手に入れることができるということです。

大学に行くための教育ローンや奨学金は、大学で学ぶことで将来の仕事や人生にとって大きなプラスの影響が得られる可能性が高くなります。

自動車ローンがなければ、自動車を買い替える人も少なくなるでしょう。新しい自動車が買えれば、ドライブに行きたくなる。そうすれば出かけた先でまたお金を使います。これもまたお金をめぐらせることにつながります。

また銀行からお金を借りた資金を元手に会社を立ち上げたり、事業を拡大すれば、商品開発も可能になって新しい価値のあるモノやサービスが生まれ、それが売れることで社員のお給料が上がって消費も増えるでしょう。会社の借金も、お金のめぐりを良くするひとつの要素になります。

お金を借りてもそれを上手に使うことができれば（運用すれば）、新しい価値が生み出され、世の中のお金のめぐりが良くなり、経済が活発に回って景気も上向きになる——そうした有用な側面もあるということ。

「借金＝すべて悪」ではなく「良い借金」「前向きな借金」もあるのです。とはいえ、「良い借金」であろうが、借金は借金。無計画に借りてもいいということではありません。そんなことをすれば、世の中にお金を回すどころか、自分の首が回らなくなってしまいます。

自分のため、世の中のためになる前向きな借金だからこそ、返済計画をしっかり考えて、自分の身の丈に合ったお金を借りることが大事なのです。

## 友だちとは「お金の貸し借り」をしないこと

君たちの多くは、まだクレジットカードを持っていないでしょう。

まして住宅ローンなどはまったく縁のない話ですね。

もし君たちがお金を借りるという状況になったとき、その相手は、まず家族でしょう。

ここで君たちに言っておきたいことがあります。それは、「友だち同士でのお金の貸し借りは極力しない」ということです。

「お金持ってる？　ちょっと1000円貸してくれない？」

「今日、お金ないからカラオケ代貸しといて」

友だち同士で少額のお金の貸し借りをする、お菓子やジュースをおごる、ということもあるかもしれません。

でも友だち同士で頻繁にお金の貸し借りをすることに抵抗がなくなるのはけっしていいことではありません。

「ジュース買いたいけど小銭がないから100円貸して」程度のことがたま

にあるのは仕方ないとしても、友だち同士で現金を貸す、借りるというのは、なるべくやめておくべきです。もしも借りたら10円でも100円でもすぐに返すこと。

友だち同士で「貸している、借りている」という妙な上下関係ができてしまうことも少なくありません。それに、もしトラブルにでもなれば相手との関係にヒビが入ってしまいます。

小さな額でも借金は借金です。貸すほうだってお小遣いやバイト代から出しているのです。友だちがなかなか返してくれなかったらどういう気持ちになるでしょうか。はじめは「今度会ったときには返してくれるだろう」と思って待つでしょう。

でもなかなか返してくれないと、「ひょっとして忘れちゃった？　ちゃんと返してくれる気あるのかな？　でもたいした金額じゃないし、こっちから『返して』って言うのも気が引けるしなあ」などと考えるかもしれません。この段階ですでに友だちに対するモヤモヤした不信感が生まれているわけです。

それでも返ってこないと「友だちだから返さなくてもいいと思ってるんじゃ

ないの？　なんだよアイツ」と腹が立ってケンカになる。ケンカになる前にどんどん疎遠になってしまうこともある。

結果、その人との友だち関係は壊れてしまう――実は、こうしたケースは、大人の世界でもたくさんあるのです。

親しい友人にお金を貸したけど、返ってこない――こうした状況になったとき、借りた側は「友だち」を失います。そして貸した側は「友だち」と「貸したお金」の2つを同時に失うことになるのです。

とはいえ、それもケースバイケース、状況によります。たとえばいっしょに遊びに出かけた友だちがサイフをなくしてしまったといったケースならば、ぜひ助けてあげましょう。それこそ友だちなのですから。

原則として、友だち同士でのお金の貸し借りは極力しないほうがいい。この考えは変わりません。でも、時と場合によっては進んで貸してあげる。ありがたく貸してもらう。貸したほうは驕らず、借りたほうは、ちゃんと感謝の気持ちを伝えて必要以上に引け目を感じず、約束どおりきちんと返せばそれで問題はありません。お金が友だちを助けることもあります。借りた経験のある人は

「あのときは本当に助かった」と感謝を忘れず、貸したほうは「役に立ててよかった」と感じて、お互いの関係はもしかしたら今まで以上に強くなるかもしれません。

ただ、「知り合いにお金を貸すなら、あげてしまうつもりで貸せ」と言う人さえいます。これは「返してくれなくていい、と思える人にしか貸すな」という意味でもあります。お金を友人に貸すと結局お互いに嫌な思いが残ることが多いからやめたほうがいい、という先人のアドバイスということ。

君とお金と友だちと——気持ちのいい付き合いをしてほしいものです。

## 気をつけてほしい詐欺事件

さまざまな詐欺事件も多発しています。

とくに多いのは主に高齢者を対象にしたいわゆる「オレオレ詐欺」。一人暮らしの高齢者などを狙い、いきなり電話をかけてきて「あ、オレオレ」と息子や孫を装い、「実は事故を起こしてしまってすぐにお金が必要なんだ、なんとか貸してほしい」「今すぐキャッシュカードで100万円おろしてほしい」などと泣きついて、現金は「上司が受け取りに行く」などという手口。

手口はほかにも山ほどあります。

警察官や銀行協会職員などを名乗って近づき「あなたのクレジットカードが不正利用されていることがわかった。安全なものに交換するので今使っているものを渡してほしい」などと騙し取るものもあります。

若い人の場合に多いのは、架空請求詐欺です。

「インターネット代金の未納分がある。すぐ連絡をしてください」などのメールやショートメールが届くというもの。法務省や裁判所を装ったはがきが自宅に届くこともあります。慌ててうっかり連絡すると、「今日払えば半額で済む」とか「払わなければすぐに裁判になる」などと脅してくる、という手口です。

ほかにも、なりすましメールで、詐欺サイトに誘導する手口もよくあります。

内容は「あなたのアカウントは一時的にロックされています」とか、「未納料金が発生しています」など。

ネットをよく利用している人でも間違えて連絡をしてしまいそうなメールもあります。紛らわしいのですが、差し出し人のアドレスをよく見てみると、末尾が正確ではないなど、怪しい点が見つかります。ショートメールだとアドレスは確認できませんが、どちらの場合も使われているアドレス、文面などをそのままコピーしてネット検索すると、ほとんどの場合「詐欺メール一覧」として載っています。

くれぐれもそれらを確認する前に、文面に用意されたリンクボタンをクリックしたり、電話をかけたり、メールに返信したりしないこと。

自分で判断できない場合は、正式なサイトから、コールセンターなどに「こういう連絡がありましたが本物でしょうか」と問い合わせれば、すぐに正しいものか、詐欺メールかがわかります。

本物の通販サイトそっくりの偽サイトに誘導され、うっかり買い物をすると「商品は届かず料金だけを請求される」というケースもあります。

4

# やがて仕事につき働く君に

君たちも近い将来、学校を卒業して社会に出るだろう。

社会に出るとは、自分でお金を稼いで自立した生活を送り、独立したひとりの大人として、社会のなかで責任を果たすということだ。

その社会には守るべきルールがあるように、社会における「お金」にも、お金のルールがある。税金、保険、年金――お金と世の中にはどんなルールがあるのか、関心を持ってほしい。

それはやがて社会に出る君たちにとって、何より重要な社会勉強だと思うんだ。

# 税金って何のために払うの？

## 税金は国民が払う「会費」のようなもの

君たちが毎日生活しているなかで〝あってあたりまえ〟になっているもの、いろいろありますよね。

- 蛇口をひねれば水が出てくる。
- ごみを出せば回収してくれる。
- 外に出れば道路があり、交差点には信号がある。
- 川には橋が架かっている。
- 犯罪が起きたら警察官が捜査をする。
- 火事が起きたら消防車がやってくる。

・急病になったときは救急車を呼べる。
・子どもはみんな小学校や中学校で勉強できる。

――ほかにも毎日の〝あたりまえ〟はまだまだたくさんあります。


これらすべてに国や地方公共団体（都道府県、市区町村）が関わっていて、君たちに〝あたりまえ〟を提供するためにさまざまな仕事をしています。

こういった仕事を「公共サービス」と言います。

そして、国の公共サービスを担当する人を「国家公務員」、地方の公共サービスを担当する人を「地方公務員」と言います。


国家公務員や地方公務員の人たちに仕事をしてもらうには、工事などに必要な費用はもちろん、給料も必要になります。また、仕事に使う道具などの費用もかかります。そのためのお金はどうやって用意するのでしょうか。

そのひとつの手段が「税金」です。

日本に暮らしている国民から税金を集めて、そのお金で国や地方は公共サービスを提供しているのです。

だから税金を払わない人がたくさん出てくると、これらの公共サービスは行われなくなってしまいます。あるいは、とても少なくなってしまう。あたりまえがあたりまえでなくなってしまうのです。だから、税金を納めることは「国民の義務」なのです。

みんなで使うもののために、みんながお金を出し合う。これが税金の基本的な考え方です。

税金の仕組みや税率は、世界各国でそれぞれ違いがあります。北欧のスウェーデンなどは、たとえば「大学までは授業料が無料」「医療費は18歳まで無料」として知られています。「うらやましい！」と思うでしょうが、その分、消費税も所得税も日本よりかなり高いのです。

ところで君たちは学校で部活に入っていますか？

部活などでも「部費」を納めることが多いですよね。たとえば野球部なら、その部費を使って全員が使うボールやバットを買います。みんなで部費を出し合って、部活に必要なものに使うわけです。どうしても足りない場合、たとえば「野球部が甲子園に出ることになった！」なんていう場合は、急きょ、卒業生たちや親たちが「支援資金」を集めたりすることもあるけれど、日常の活動は「部費」でまかなうのが普通です。

税金も、基本的には部費と同じようなもの。

税金とは、私たちが日本という国で生活するために払う部費、公共サービスをあたりまえに使わせてもらうための会費のようなものなのです。

## 「誰が集めるか」「誰が納めるか」で税金にも違いがある

税金にはさまざまな種類があって、全部で50種類。それぞれの特徴によってグループ分けされています。まずは「国税」と「地方税」です。

・国税——国の公共サービスのために、国（国税庁）が集める税金。

・地方税——地方の公共サービスのために、都道府県や市町村の役所が集める税金。

このように、「誰が集めるか」によって、税金は2つに分けられます。

また、「誰が納めるか」という視点でも2つに分けられます。それが「直接税」と「間接税」です。

・直接税——税金を払う人が直接納める。
・間接税——税金を納めなければならない人と実際に納める人が違う。

## 稼いだお金から支払う「所得税」と「法人税」

税金にはさまざまな種類がありますが、なかでも税金の基盤であり、重要度の高いものが「所得税」と「法人税」、そして「消費税」の3つです。

このうち所得税と法人税は、どちらも〝稼いだお金〟から支払う税金です。

働いている「個人」が稼いだお金から納めるのが所得税で、「会社」が事業によって得た「もうけ」から支払うのが法人税。

税金は日本で暮らすための会費、部活の部費のようなものだというのは前にお話ししたとおりです。ただし、税金のなかには部費や会費のように「部員全員が同じ金額」ではないケースもたくさんあります。今お話しした所得税、法人税は「人や会社によって金額が違う」税金になります。

なぜそうなるのかといえば、世の中にはものすごくたくさんのお金を稼いでいる人と、あまり稼いでいない人がいるから。そこでみんな一律に「いくら払ってください」というのは、それはやっぱり不公平です。

10万円持っている人が1000円払うのと、5000円しか持っていない人が1000円払うのでは、同じ1000円でも負担の大きさが違うということ。5000円しか持っていない人のほうがたいへんなのはわかりますよね。

これでは平等どころか、負担の大きさが不公平になりかねません。

税率を同じ10%にしても、10万円持っている人は9万円残りますが、5000円の人は4500円しか残らない。やはりお金をたくさん持っていない人の負担感が大きくなります。

そこで所得税や法人税は、収入の多さによって集め方を変えています。たくさん稼いでいる人からは多く（税率を高く）、たくさん稼いでいない人からは少なめに（税率を低く）集めるようにしているのです。こうした税金の決め方を「累進課税」と言います。

ただ、すべての人がこの方法に賛成しているわけではありません。累進課税はできるだけ平等に税金を集めるための方法なのですが、「一生懸命に働いてたくさん稼いでも、その分たくさんの税金を取られてしまう。これは不公平だ」「稼げば稼ぐほど税金で持っていかれるのは理不尽」という意見もあります。

また、実際にあまり累進課税を強化しすぎてしまうと、たくさんお金を稼いでたくさん税金を日本に納めてくれている人が、「もっと税金の安い国に仕事の拠点を移してしまおう」と考える可能性もありますから、累進課税をあまり強化しすぎるのもいかがなものかな、と僕は思います。

## 「所得」と「収入」って違うの？

所得税とは、僕たちが働いて得たお金から払う税金のこと。つまり、「所得」とは働いて得たお金のことを指していることになります。

ここで間違えやすいのが、所得と収入は意味が違うということ。「働いて得たお金なんだから、収入も所得も同じ。税金のときだけ呼び名が違うんでしょ」――大人でもこう思っている人が大勢いるのですが、それは間違い。

「収入」とは働いて得たお金の全額のこと。対して「所得」とは、その収入から必要経費を引いたものです。

その収入を得るためにかかったいろいろな出費を必要経費と言います。収入額から必要経費の額を引いたものが所得というわけです。「純粋なもうけ」といったらいいかな？

自営業の場合、たとえば1年間の「収入」（お店での売り上げ）が1000万円のラーメン屋さんで、その1年間に麺やスープ、チャーシュー、メンマなどの食材、食器代や割りばし代、店内の装飾品、バイト代などで400万円の必要経費がかかっていた場合、収入は1000万円ですが、「所得」は600万円になるわけです。

つまり、もらったすべてのお金から、それを稼ぐために必要だから使ったお金を引いて、手元に残ったお金が「所得」になるのです。

よく「サラリーマンには必要経費がない」と嘆くお父さんたちがいますが、実はサラリーマンにも「給与所得控除」という必要経費に代わる仕組みがあります。

## 君たちも払っている税金が「消費税」

「税金は親が払っているんでしょ。だから僕らには関係ないよ」――君たちはそう思っているかもしれません。

確かに所得税をはじめとする税金は、基本的には働いて収入を得た人に対して課せられるものです。ならば、まだ学生の君たちには関係のない話――いえ、ちょっと待ってください。そんなことはありません。

まだ働いていない君たちも、実は税金を納めているんです。わかりますか？

そう、それが「消費税」という税金です。

消費税は物を購入したりサービスを受けたりしたとき、その料金の10％を消費者が負担する税金です。

つまり買い物をしたり、ジュースを飲んだり、カラオケボックスで歌ったりして代金を払うとき、君たちは税金もいっしょに支払っていることになります。

２０１９年10月１日から、日本の消費税率は10％（国に納める消費税７・８％＋地方に納める地方消費税２・２％）となりました。それ以前の８％から２％増えたわけです。

ただ、軽減税率という仕組みがあって、生活に欠かせない飲食料品や定期購読している新聞などは８％とされています。レストランなどの外食は10％、同じものを買ってテイクアウトすれば８％のまま、となんだかわかりにくい点もありますが、基本２％の引き上げというのは、家計にとってけっして小さなものではありません。

増税の問題は、君たちにも無関係ではない、ということです。

たとえば、１００円のジュースがお店にあるとしましょう。このジュースは、君が買っても友だちが買っても、億万長者が買っても、あまり稼いでいない人が買っても、誰が買っても「みんな一律で8％の消費税」がかかるため、誰もが108円を払うことになります。つまり消費税は累進課税ではなく、誰もが同じ税率で払う税金なのですね。

では、なぜ消費税はみんな一律で同じ税率なのでしょうか。

所得税は収入の多い人に高い税率をかけて多めに集めるのですが、その集め方だけでは、働いていない人——君たち学生や子どもだけではなく、定年になった高齢者なども含まれます——は、何の負担もしなくていいことになります。先ほども書きましたが、それって、やっぱり不公平じゃないか？　という声もあるわけです。そこで働いていない人、収入のない人にも何かの形で税金を少しずつでも負担してもらおうというのが消費税なのです。

所得税は給料などにかかる税金ですから、景気が悪くなって世の中全体の給料が下がるとそれだけ納められる税金も少なくなります。それだけでは公共サービスが十分にできなくなる恐れもあります。公共サービスとは、道路などみんなが使うものを作ることや、学校教育にかかる費用、生活に困っているなど人たちを援助する福祉の費用、医療費の補助などで、さらに国を守るための防衛費、国のために仕事をする多くの公務員の給料などにも税金が使われます。

景気は悪くても、みんな必要な買い物はしますよね。買い控えもあるでしょうが、まったく何も買わずに生活はできません。ならばその買い物に少しずつでも税金をかければ、不景気のときでも広く税金を集められます。これも消費税が導入された理由のひとつです。

まだ働いていない君たちも、買い物をするたび、何かのサービスを利用するたび、国の仕事を支える税金を、日本で暮らすための会費を払っているのです。「イマイチ払っている実感が湧かない」——それは消費税が「間接税」だからでしょう。

消費税は君たちが国や役所に直接払うわけではありません。買い物をしたお店がいったん、君たちの払った消費税を預かっておき、年度末にまとめて納めるという仕組みになっています。つまり払うのは君たちですが、実際に国や役所に納めるのはお店という形の間接税なのです。消費税の10%というのは、別にお店のもうけになっているわけではないのです。

ちなみにお酒には酒税、タバコにはたばこ税、ガソリンにはガソリン税など、消費税以外にも間接税がかかるものがあります。

## 保険って何のためにあるのだろう

### 健康保険証を出すと病院での支払いが安くなるのはなぜ？

国や地方自治体は、私たちが生活する上で欠かせない公共サービス（教育や医療、警察や消防など）を提供しており、それにかかるお金を税金でまかなっていることは、すでに説明しました。

さらに国は、ほかにも私たちが安心して生活するための仕組みを用意しています。それが「社会保険」という制度です。

そもそも「保険」とはどういうものなのでしょうか。

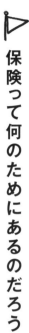

備えあれば憂いなし、困ったときはお互いさま――これが保険の基本的な考え方です。

つまり、みんながあらかじめ少しずつお金（保険料）を出し合って準備しておき、「滅多に起きないけれど、絶対に起きないとは言い切れないことが起きたとき」「いざというとき」「もしもの場合」になった人に対して、準備したお金を払って助けてあげるというのが保険の仕組みなのです。

君たちにいちばん身近な社会保険は「医療保険（健康保険）」でしょう。保険料を払った人やその家族が、病気やケガをしたり、出産したり死亡したりしたときに、必要な医療費が保険料から支払われる保険のことです。

たとえば君のお父さんがサラリーマンの場合、お父さんは会社の健康保険に加入することになります（会社で働いていない人は国民健康保険に加入します）。

君が病気やケガをしたら健康保険証を持って病院に行きますよね。それを見せることで、高額な治療費でもその一部を、みんなで出し合った保険料から払ってもらえるのです。

まだ働いていない君たちは、今はまだご両親が加入した保険を使わせてもらっています。保険証を見せると治療費が安くなるのは、君たちの親御さんがきちんと家族の分まで保険料を払ってくれているからなんです。

「みんなでお金を出し合って、いざというときに備える」社会保険には、健康保険のほかにも、

・老後の生活や、障害を負ったとき、死亡したときに備える「年金保険」
・高齢で介護が必要になったときに備える「介護保険」
・会社を辞めたり、会社が倒産したりして、失業したときに備える「雇用保険」
・仕事中に病気やケガをしたり、死亡したりしたときに備える「労災保険」

といったものがあります。

君たちも将来、社会に出て働くようになったら、自分でこれらの社会保険に加入することになります。

## 君たちの身近にもあるさまざまな「保険」

保険にはいろいろな種類があります。

前項でお話ししたのは国が運営している社会保険ですが、そのほかにも民間の保険会社が運営する「民間保険」があります。

民間保険の代表的なものと言えば「生命保険」でしょう。

もしも家計を支えるお父さんが不幸にも亡くなってしまったら、残された家族は生活に困ってしまいます。そうした事態に備えて保険料を積み立てておき、万一のときに保険金が支払われるのが生命保険です。

君たちが将来結婚して家庭を持ったとき、家族のために生命保険の大切さが改めて実感できると思います。

また生命保険のなかには、亡くなったときだけではなく、病気やケガで通院・入院したときにお金が支給される「医療保険」のようなものもあります。

僕も家族のために、自分のために、そうした保険に加入しています。急性胃腸炎で入院したとき、出張中に転んで骨折したときなどに、保険金が支給されてとても助かった経験が何度かあります。とくに入院費はバカになりませんから「保険に入っていてよかった～」と痛感したものです。

また、旅行（とくに海外旅行）中に病気やケガで通院・入院することになったとき、現地での入院費や滞在費を支えるための「旅行保険」もあります。

君たちが修学旅行や遠足、合宿などの学校行事で出かけるとき、多くの学校は「学校旅行総合保険」という民間保険に加入しています。もしも旅行中に生徒がケガをした場合などに支払われる保険です。

また学校によっては、運動系の部活に対して部活中のケガの補償をする「スポーツ保険」に加入しているところも多いのです。学校に限らず、サッカーや野球などの地域スポーツチームなども同様です。保険料は、学校なら部活動費から払ったり、それとは別に集めることもあります。保険料は少額ですが、万一のことがあった場合に受け取れる保険金は、かなり大きな額になり、治療などにかかる金額を補ってくれるのです。

「人の病気・ケガや死亡」に関する保険は生命保険、「モノ」に対する保険は

「損害保険」と言います。

損害保険は地震や風水害、火災、交通事故、盗難などで住まいやクルマなどの「モノ」に損害が出たときに備える保険のことです。

さらに、誤って人にケガをさせたり、モノに損害を与えた場合、自分ではなく相手に対して支払われる保険もあります。それが「賠償責任保険」です。

クルマを運転する人に加入が義務付けられている「自賠責（自動車損害賠償責任保険）」も損害保険のひとつ。もしも運転中に人をはねてしまったり、人の家を壊したりした場合、相手にお金が支払われる保険です。

ここで君たちにぜひ知ってほしいのが、自転車による事故の賠償責任保険の存在。自動車免許を持っていなくても、通学や街乗りで自転車はよく使うという人も多いはず。最近、自転車と人との接触による事故が増えています。君たちだって自転車で人とぶつかってケガをさせる事故に遭遇しないとは限りません。

自転車に乗る機会の多い人、とくにロードバイクなどスピードの出る自転車に乗っている人は、万一自分が事故を起こしたときに備えて、「自転車保険に入ってほしい」とご両親に相談してみましょう。また、自動車保険を義務化する自治体も増えています。

# 年金って何のためにある？

## 国民年金は〝老後の貯金〟じゃない

前項でお話しした「社会保険」のひとつに、私たちが年を取って、若い頃のようには働けなくなっても安心して暮らせるための仕組みがあります。

それが「年金（年金保険）」です。

国が運営するのは「公的年金制度」といって、基本になるのは学生や自営業者などが加入する「国民年金」と、会社員が加入する「厚生年金保険」の2つ（さらに公務員が加入する「共済年金」もありましたが、厚生年金に統合されました）。

国民年金は、日本に住んでいる20歳以上60歳未満のすべての人が加入して保険料を納める制度です。

現在、20歳以降10年間以上保険料を納めれば、65歳になってから年金を受け取ることができます。これを老齢基礎年金と言います。

厚生年金は会社に勤めている人が加入する年金で、保険料の約半額を会社が負担してくれます。

会社勤めではない自営業の人が加入できる公的年金は国民年金だけで、受け取る年金も老齢基礎年金だけになります。

一方、厚生年金に加入している人は自動的に国民年金にも加入することになり、最終的には老齢基礎年金と厚生年金の両方を受け取ることができます。

ひょっとしたら君たちは、「要するに年金って、老後に備えて国にお金を預けておくってことでしょ」——と思っているかもしれませんね。

これは半分正解で、半分ハズレです。

若いうちから少しずつ保険料を納めておいて、年を取ってからお金を受け取るという意味では正解です。

でも実際の仕組みはちょっと違うのです。

国民年金は、自分が納めている保険料はそのときの高齢者の年金として使われます。そして自分が年金をもらう年齢になったときには、そのときの若い人たちが納めている保険料が年金として支給されるのです。

つまり、自分が納めた保険料が保管されてそのまま戻ってくるわけではないということ。国民年金は国への貯金ではありません。今納めている保険料で今の高齢者を支える。若い人が高齢者を支える。それが国民年金の仕組みなのです。

## 仕組みがわかれば、日本の年金問題も見えてくる

それがわかってくると、君たちにも日本が抱えている年金問題が少しずつ見えてくるのではないでしょうか。

日本が少子高齢化社会に直面しているのは知っていますよね。子どもが少なくて高齢者の割合がどんどん高くなっています。

このまま少子高齢化が進むと年金はどうなるのでしょうか。

今の日本では、保険料を納める現役の人が減っているのに、年金を必要とする高齢者は逆にどんどん増えているのです。この傾向は今後もさらに進んでいくでしょう。これだと現役の人たちが納める保険料だけでは高齢者を支え切れなくなってしまいます。

約50年前の1975年は現役7・7人で高齢者1人を支えていましたが、2016年には現役2・2人で1人の高齢者を支える計算になり、さらに2025年には現役1・9人で1人の高齢者を支えることになります。しかしこのまま少子高齢化が進むと、いずれは現役1人で高齢者1人を支える時代、さらには1人で何人もの高齢者を支えなければいけない時代がやってくると予想されています。つまり、このままでは若者への負担がどんどん大きくなっていくということなんですね。

この少子高齢化による年金問題を何とか解決するために、もちろん国もいろいろな対策を検討しています。

ひとつは年金に使えるお金を増やす方法です。

その筆頭が、すでに実施された消費税の導入です。従来の保険料だけでは足りないため、野党が大反対する中、1989年に日本で初めて消費税が導入されたのですが、当初の3%はやがて5%になり、8%になり、2019年から10%になっています。止まらない少子高齢化などをふまえ、いずれ近い将来15%になる可能性さえ浮上しています。

若い人が払う保険料を引き上げることで年金の財源を少しでも増やそうという動きもあります。

でもこれは、君たち若い世代にも負担を強いるということになりますよね。

そしてもうひとつの対策が、年金をもらえる年齢を上げることで「高齢者に払う年金の額を下げる」という方法です。

日本では以前、年金がもらえる年齢は60歳でした。しかし、厳しい財政事情などを理由に現在では「原則65歳」（60～75歳で選択可能）に引き上げられています。そして年金を受け取れる年齢をさらに引き上げることも検討されています。

また、「今の若い人が今の高齢者を支える」という現在の年金制度そのものを見直そうという動きもあります。

この先、少子高齢化がどうなるのか、年金対策がどうなるのか、年金制度がどうなるのか、これは僕にもはっきりわかりません。

でもはっきり言えるのは、年金問題は君たちにとって「まだ若いから関係のないこと」ではないということ。やがて20歳になる君たちが、やがて社会に出る君たちが、間違いなく直面するとても大きな問題なのだということを覚えておいてください。

## やがて仕事につく前に知ってほしい「仕事とお金」

### 君たちは何歳から働くことができるのだろう？

「社会に出る」とは、仕事をして自分でお金を稼いで生活するということ。いずれ君たちも社会に出て就職し、働くことになります。

まだ学生の君たちにとって、最初に経験する「働いてお金を稼ぐ機会」と言えばアルバイト。君たちの友人や先輩にも、アルバイトをしている人がいるかも知れません。「僕だって早く働いてお金を稼ぎたい」と思っている人もいるだろうね。

そもそも君たちは何歳になったらアルバイトができるのか、働いてお金を稼ぐことができるのか、知っているかな。

アルバイトなどの労働をするためには、まず君たちの年齢が「労働基準法」という法律で定められている年齢制限を超えていることが、絶対条件になります。

この年齢制限は、「アルバイトを雇う側が守らなければいけないルールで、「使用者は、児童が満15歳に達した日以後の最初の3月31日が終了するまで、これを使用してはならない」と定められています。

つまり君たちがアルバイトできる、お金を稼ぐために働けるのは、「15歳の誕生日が過ぎて最初の3月31日を超える日から」というわけ（例外もある）。

ただし18歳未満の人は、1日8時間・週40時間以上の勤務、残業、22時〜翌5時の深夜労働、危険物や有害物を取り扱う業務などは禁止されています（条例でキャバクラなどの〝夜の仕事〟を禁じている自治体も）。また高校生は、学校と保護者の許可がなければアルバイトはできないよ。

昔は朝の3時くらいから新聞配達をしている中学生などもいたけれど、今は中学生がそんな早朝から働くことは禁止されています。もちろんコンビニやファミレスなどで高校生が22時以降働くのもダメ。

「オレ、大人っぽく見えるから『もう20歳です』って言っても大丈夫」なんてことは考えないように。年齢をごまかしていたことが役所（労働基準監督署）にバレると、君ではなく、君を雇ったお店のほうが罰を受けるんだ。「大丈夫、大丈夫」と簡単に考えていると、周囲に大きな迷惑をかけることになります。働くなら、アルバイトをするなら、法律を守って条件をクリアしてから。それが「社会に出る」ためのルールです。

## 「アルバイト」の時給はどうやって決められている？

さて――。条件をクリアした君たちが「アルバイトしよう」と思ったとします。アルバイトを探すとなると、気になるのはやはりバイト代でしょう。

アルバイト代は、基本的に「時給」「日給」「月給」のどれかで計算されます。時給は時間給のことで、１時間あたり○○円という計算方法です。時給９００円で４時間働いた場合、アルバイト代は９００円×４時間＝３６００円になります。アルバイト代の計算方法としていちばん一般的なのが、この時給です。正社員、バイトを問わず、賃金の最低金額は都道府県によって異なりますが法律で決められており、東京都の場合は時給1072円です。

日給は1日あたり○○円、半日で○○円という計算方法。数日間という短期のアルバイトなどで使われることが多いようです。日給8000円で3日間なら2万4000円になります。

月給は、1カ月単位で給料を決める方法。ただ、月給制は正社員や契約社員などが対象になることが多く、アルバイト代の計算方法としてはあまり使われません。

インターネットの求人サイトやアルバイト情報誌などを見ると、さまざまな仕事が掲載されており、給料（主に時給）も仕事によって千差万別です。

こうしたアルバイトの時給はどうやって決められるのでしょうか。

アルバイトの時給や仕事の給料というのは、見方を変えれば「労働力というモノの値段」とも言えます。ですから、アルバイトの時給もモノの値段と同じように「需要と供給」で決まってくるというわけです。

雇う会社にとって働く人に対して払う給料など（人件費と言います）は、必要ではありますが「会社から出ていくお金」です。金額が大きくなると会社の利益にも影響してきます。

ですから会社としては、あまりたくさんは払いたくない。給料はできるだけ安く抑えたいと考えます。

でも、あまりに安すぎると今度は人が集まりません。働く側だって「こんな安い給料じゃやってられない」「あんな安い仕事は勘弁」と思うのも当然。より楽で給料もいい仕事をしたいと思うのが人情であり、それが市場の原理でもあります。

そこで会社は「これなら働いてもいい」と思ってもらえる最低限の金額で雇おうとし、働く側は、より楽で給料がいい仕事を探そうとするわけです。

これもまた「需要と供給の原理」と言えます。

そうした会社と働く人のせめぎ合いのなかでも仕事によって時給や給料の高

い・安いが生まれるのはなぜか。

そこにも需要と供給が関係してきます。つまり「働きたい人（需要）が多い仕事は給料が安くなり、働きたい人が少ない仕事は給料が高くなる」わけです。

たとえば、仕事のたいへんさ。

肉体的にキツイ、危険がともなう、時間の融通が利かない、または特別なスキルや能力が必要といった仕事は「高い給料をもらわなければ割に合わない」と思う人が多く、働きたい人も集まりにくいため時給も高くなります。

僕が学生の頃は、「東京タワーの電球取り換え」「高層ビルの窓ふき」のような高所で働くバイトは時給が高かった記憶があります。

逆に誰でもできる簡単な作業だったり、時間の自由度が高かったり、みんながやりたがるような人気のある仕事の場合は、放っておいても働きたい人が集まりやすいため、時給は安く設定できるのです。

アルバイトの時給というのは、働きたい人（需要）と仕事（供給）のバランスを取ることで決まっていくのです。

## もらったバイト代が計算と合わないのはなぜだ？

今月はバイト頑張ったなぁ。バイト代を計算したら10万円になるぞ、やった！　給料日が楽しみだなぁ――これが君の今の心境だとしましょう。

そして待ちに待った給料日。銀行で口座をチェックした君は、こう思うかもしれません。――8万9790円って。計算より少ないじゃん。どうなってんだよ、と。

10万円もらえるはずが8万9790円しかない。1万210円はどこに行ってしまったのでしょうか。

実はそのお金、所得税として徴収されているんですね。これが「源泉徴収」と呼ばれる制度です。

日本で暮らしている僕たちは税金を払わなければなりません。税金にはいろいろな種類がありますが、働いて稼いだお金にも税金がかかります。

君もアルバイトとはいえ働いて給料をもらったのですから、そこから国に所得税という税金を納める義務があるのです。そして国は、源泉徴収という方法によって所得税を集めているのです。つまり、こういうことです。

①バイトで稼いだ君は、所得税を納めなければならない。
②会社は、君の給料から先に所得税を差し引いて、君に払う。
③会社は、差し引いた君の所得税を、君の代わりに国に納める。

これが源泉徴収の仕組みです。会社が給料からあらかじめ税金などを差し引くことを「天引き」といいます。

君のバイト代が計算よりも1万210円少なかったのは、会社が君の所得税を天引きしていたからなんですね（現在の源泉徴収税額は支払い金額100万円以下の場合10・21％）。

つまり、君も源泉徴収によって、所得税を払ったことになります。

源泉徴収は、本来は国（政府）がやるべき所得税の徴収を、それぞれの会社にやらせているということ。そうすれば税務署の人手も少なくて済むなど、国の負担が減ります。そうやって効率よく、しかも〝取りっぱぐれなく〟確実に税金を集められる。実は、政府にとってとても都合がいい仕組みなのです。

ただし、給与が月8万8000円未満、1年間の収入が103万円以下の場合は所得税がかからず、源泉徴収されません。


サラリーマンや公務員など、給料をもらっている人ならば、正社員もアルバイトやパートも、みんな同じように源泉徴収の対象になります。

もちろん君が将来、企業に就職して給料をもらうようになっても、同じようにそこから源泉徴収されることになります。

## 知っておきたい「給与明細」の見方

君たちも将来、仕事につくでしょう。そして自分のため、家族のために働いてお金を稼ぐことになるでしょう。

頑張って、一生懸命に働いてもらった給料は、君たちが自分の力で稼いだ大切なお金。そして、その大切な給料といっしょに渡されるのが「給与明細」という書類です。

そこには税金のこと、保険のことなど、君たちが毎日働いて稼いだ給料の仕組みが詳しく書かれているんですね。

すでに社会に出てバリバリ働いている君たちの先輩のなかにも、実はこの給与明細をあまりよく見ていないという人は大勢います。

ここでは、やがて社会に出る君たちが、いつか手にする給与明細の基本的な見方を説明しましょう。

### ◯いくらもらえるか

いちばん気になるのは、やはり「いくらもらえるか」ですよね。明細を見ると、もらえるお金として「総支給額」と「差し引き支給額」の2つが書かれています。

①総支給額

基本給（基本となる給料）にその月の残業代、通勤手当や住宅手当といった各種手当など、会社が君に支払うすべてのお金の合計金額です。これを「額面金額」と呼びます。なお、通常「年収」とは1年分の「額面金額」です。

②差し引き支給額

総支給額（額面金額）から社会保険料や税金などを天引きした残りの金額。つまり君たちが実際にもらえるお金の金額で、これを「手取り金額」と言います。

つまり、額面金額をそのままもらえるわけではないのです。

## ◯あらかじめ給料から引かれているものは何か

ここで注目すべきは「控除」という言葉です。

控除とはある金額から一定の金額を差し引く、という意味。給与明細には、控除項目として税金や社会保険料などが記載されています。会社は、それらのお金を、給料からあらかじめ差し引いているんですね。

給与明細に書かれている主な控除項目は次のようなものです。

①社会保険料

・健康保険料

病気やケガをした際にかかる医療費の負担を軽くするための保険。

・介護保険料

高齢で自力だけでの生活が困難になり、介護が必要となったときに介護サービスを受けられる保険（40歳から支払う）。

・厚生年金保険料

高齢になったときに現金が受け取れる年金保険。払った年金は、今の高齢者の年金に使われる。

・雇用保険料

会社を辞めたり、会社が倒産したりして失業したときにお金を受け取れる保険。「失業保険」と呼ばれるもの。

②税金

・所得税

稼いだお金にかかる税金。給料が多くなるほど税率は上がります。

・住民税

1月1日時点での現住所がある都道府県と市町村に納める税金。

このほか、会社によっては労働組合の組合費や、給与から天引きして預金する社内預金や財形貯蓄などが差し引かれる場合もあります。

つまり額面金額からこれらの控除項目の金額を引いたものが「差し引き支給額＝手取り金額」になるのです。

「給料が20万円のはずなのに、17万円しか振り込まれていなかった」という場合、20万円が額面金額で、17万円が控除を差し引いたあとの手取り金額ということです。別に会社が3万円「ピンハネ」しているわけではありません。

ちなみに求人情報の「月給30万円」といった表記には通常残業代などは含ま

れません。30万円に残業代などが加わり、そこから社会保険料、税金が差し引かれて「手取り金額」となります。

社会人になって給料をもらう立場になったら、「自分の給料はどのようになっているのか」「自分は給料のなかから何にいくらくらい払っているのか」を知っておくのはとても大切なこと。税金や保険などが関わる給与明細は、世の中の経済を学ぶための身近な教材でもあるのです。

君たちも将来、給料をもらうようになったら、手取り金額だけ見てすぐに捨ててしまわず、給与明細にもしっかりと目を通すようにしてほしいですね。

## 会社ってどんなものだろう

### そもそも「会社」は何をするところ？

君たちのお父さんやお母さんは、どんな仕事をしているだろうか。会社に勤めていますか、公務員ですか、それとも自分でお店や会社を経営していますか、自分ひとりで仕事をしている？

仕事にもさまざまな種類があります。でもやっぱり、会社で働いている人が多いでしょう。サラリーマンは会社で働いて、そこからお給料をもらう。これは子どもでもわかる常識です。

でも「そもそも会社って何ですか？」と聞かれたら、答えられるかな。

会社とは、利益の追求を目的とした人々による組織体です。もっと簡単に言えば、同じ方法で「お金をもうけよう」と考えている人たちが集まって、みんなで運営している集団ということ。こうしたお金をもうけることが目的の集団を「営利団体」と呼んでいます。

「会社の目的はお金もうけ」なんて書くと、君たちのなかには会社にすごく悪いイメージを持ってしまう人がいるかもしれません。

でも会社がお金をもうけようとすること自体は、まったく悪いことではありません。

会社がもうかるから社員に給料が出る。

←社員はその給料でほしいモノを買い、サービスを受ける。

←するとその今度はそのモノやサービスを提供している会社がもうかる。

←その会社の社員に給料が出る。

←

その社員が別の会社のモノやサービスを利用する。

会社がもうかると、こうしたループが生まれて世の中にお金が循環するようになり、社会に活気が出て景気も良くなるのです。

こうしたループをつくるためには、どの会社もみんなが喜ぶような、みんなの役に立つようなモノやサービスを生み出す必要があります。「もうかれば何でもいい」という会社は、人々に支持されなくなっていくでしょう。

会社が「お金をもうける」とは、世の中の役に立つモノやサービスを生み出すこと。だから、けっして悪いことではないんですね。

一方、お金をもうけることを目的としない集団もあります。公益（公共の利益）のために活動する、利益を追求しない民間の団体を「民間非営利団体」と呼びます。財団法人や社団法人、宗教法人という言葉を聞いたことがあるでしょう。これらは非営利団体になります。

また「NPO法人」も非営利団体のひとつです。

## 株式会社の「株式」とは？

「会社」といっても形はさまざま。法律ではそのつくられ方（設立方法）によって４つに分かれます。

株式会社
合名会社
合資会社
合同会社
※合名会社、合資会社、合同会社はまとめて「持分会社」と呼ばれます。

全体の９割（ほとんどですね）を占めるのが「株式会社」です。君たちがいちばんよく耳にするのも株式会社だと思います。

ここで株式会社の仕組みを簡単に説明しましょう。

ひとつの会社をつくろうと思ったら、まず必要なのはやはりお金です。オフィスを借りる、デスクやパソコンなどの設備を揃える、電話やインターネットなどの環境を整える。モノを売る会社なら商品も仕入れなければいけない――。最初にある程度まとまったお金（元手）がないと、なかなか会社はつくれません。

でも、会社をつくりたい人のみんながみんな、その元手を自分で用意できるとは限りません。むしろ用意できない人のほうが多い。

これでは誰も会社をつくれない。何とか最初に必要な元手を調達する方法はないものか――そこで生まれたのが「みんなにお金を出してもらう＝出資してもらう」という方法です。

自分だけでは無理だけど、誰かほかの人たちに頼んでお金を出してもらえば、元手ができるじゃないか。そう考えたんですね。

そこで「株式」という「証明書」をみんなに買ってもらってお金を集める方法が生まれたのです。

多くの人たちに株を売ってお金を集め、それを元手に会社をつくる。その会社がもうかったら、お金を出してくれた人たちに、その金額に応じてお礼をする。つまり「もうけの分け前（配当）」を支払う。これが株式会社の基本的な仕組みです。

チリも積もれば山となる。少額ずつでも大勢の人からお金を集めれば、大きな金額になります。そうすれば自分ひとりではできなかった大きな仕事にも挑戦できます。

このように、みんながお金を出し合う会社、それが株式会社です。そして株式とは「私はこの会社にお金を出しています」という証明書になります。

## 株式会社でいちばん「偉い」のは誰？

会社でいちばん偉いのは社長――誰もがそう思いますよね。君たちだってそう思うでしょう。しかし、株式会社の場合、それは間違いです。

今説明したように、株式会社は「みんなにお金を出してもらって（出資してもらって）つくられた会社」です。

社長が自分だけのお金でつくったわけではありません。言い換えれば、「人のお金を使って経営している」ことになります。つまり株式会社の場合、社長は「集めたお金で会社を運営する責任者」という立場なのです。

そう考えると、「株式会社は誰のものか」と言えば、株を買ってお金を出している「株主」と呼ばれる人たちと考えられます。


株式会社では、通常もうけが出れば出資者（株主）に配当という形で「分け前」が入ります。しかし会社の仕事がうまくいかずに赤字になってしまったら配当金も払えません。それどころか、もし会社がつぶれたら出したお金がパーになってしまいます。

「オレたちが出したお金を使うんだから、ちゃんともうけを出してくれよ」

――株主が社長にこう言うのも当然ですよね。

お金を出してもらっている社長は、そうした株主の声に応えて、損をさせず、配当金を払えるような仕事をしなければなりません。

株式会社では通常、年に1回、社長から株主に経営状態の説明をし、株主が社長に「今会社の状況はどうなっているのか」「もうかっているのか」「なぜもうからないんだ」といった質問をする集会が行われます。これが株主総会と呼ばれる集まりです。

経営状態が悪く、あまりにももうけが出ない場合など、株主総会で社長が交代させられるといったことも起こります。

かつて日本では「会社は従業員（社員）のためのもの」「社長は従業員のために会社を経営するもの」と考えられていました。

しかし最近では、株式会社は「社長のもの」でも「従業員のもの」でもなく、お金を出している「株主のもの」という考え方が広まっています。

そのため、社長をはじめとする経営陣のなかには、株主への配当を確保するために従業員を解雇して（リストラ）でも利益を上げなくては、と考えてしまう人もいる。

会社のあり方も時代によって変わってきているのです。

しかし、今の企業は必要以上に株主に意識を向けすぎているのではないかと僕は思っています。株主はもちろん大事ですが、もっともっと従業員のことも考えた上で経営をするべきでしょう。会社が従業員に報いることで従業員の収入が増えます。すると従業員たちがお金を使うようになり、世の中の景気が良くなるのですから。

従業員の給料を手厚くする前に株主への配当に回してしまえば、従業員の収入が増えない。従業員の給料が増えないから、日本の景気はなかなか上向かないのだと思います。

株主は出資することで会社を支え、従業員はその労働力で会社を支えています。どちらも会社にとっては不可欠な存在であり、どちらかが軽視されていい、というものではありません。

# 5

# 高校を卒業する前に知っておくべき「金融」「投資」「資産運用」の基本

2022年から高校の教科書にもやっと「金融」や「投資」の項目が掲載されるようになった。

日本は金融・経済・投資に関する教育が非常に遅れていると、冒頭でも書きましたけれど、少しですが前に進もうとしているのはいいことだと思う。

けれど、大人たちはまだ「金融」「投資」を君たちにどう教えればいいのか、なんのために教えるのか、手探り状態で、先生たちもどうも自信がなさそう。

君たちには、ぜひ学校の授業だけではなく、もっと早い時期から自分自身で興味を持ってほしいと思います。

今はインターネットで、多くの知識も得られます。こういうときにこそネットを大いに活用してほしいものです。

# 「株でもうける」ってどういうことだろう

## 買ったときより高く売れれば「もうけ」が出る

さて、この本では、とくに「投資」について、ごく初歩的な知識について書いておこうと思います。

この章は少しほかの章に比べると難しいと感じるかもしれません。細かいところまでは理解できなくてもいいので、全体の「イメージ」をつかんでもらえたらと思います。

投資というのは一言で言えば「利益を見込んで、お金を投じること」を言います。

たとえば、代表的なものが「株式」です。ほかにも債券や投資信託などが対象になりますが、まず株の話からはじめましょう。

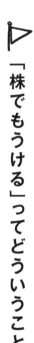

前章でも説明したように、株式会社の仕組みとは、「複数の人が会社の株を買うことで出資して株主になり、その会社がもうかったら出資した金額に応じて「『もうけの分け前（配当）』を受け取ることができる」というもの。業績が良くてもうかっている会社の株を持っていれば（出資していれば）、受け取れる分け前も多くなります。

つまり業績の良い会社や将来的にすごく成長しそうな会社の株は人気が出ます。買うなら分け前の多い会社の株を買いたい（株主になりたい）と、君たちだって思いますよね。

僕は、両親が株式投資をしていたので、高校生ぐらいの頃からけっこう興味がありました。両親がどのくらいそれで利益を上げたのかは、詳しく知りませんが、もうかったこともあったでしょうし、損をしたこともあったはずです。バブル経済の崩壊時には大きな損をしたと、ずいぶんあとになってから聞きました。

そんな両親の影響もあって、僕は経済の勉強に興味を持ち、今の仕事につきましたが、現在でも多少「株式投資」をしています。

株式投資による「利益」はまず、今書いた「配当金」、そしてそのほかに「値上がりによる利益」、そして「株主優待」の3つがあります。株主優待というのは、企業による株主サービスで、その会社の商品が安く買えたり、施設が優先的に利用できたり、というタイプのもの。

値上がりによる利益は、ある企業の株式を「安いときに買って、高いときに売った」という場合に発生する差額のことで、企業の株は、証券取引所という「市場」で売買されています。

さまざまな理由から、配当金や株主優待を行わない企業もありますが、だからといってそれが悪い企業だというわけではありません。配当金を出さず、その分を設備投資に回し企業価値を上げて株価の上昇を目指し、それによって投資してくれた人に報いようという考え方をする企業もあるからです。

株式投資で利益を得る、という場合は、だいたいが売買による利益のことを指すといっていいでしょう。

さて、この株を売り買いするときの値段のことを「株価」と言います。

みんながほしいと思うモノは値段が高くなるのは、需要と供給のところでお話ししました。それと同じで、「人気がある会社だから」「業績が良い会社だから」「将来性がありそうだから」と買いたいという人が増えれば、その会社の株価も上がっていきます。

逆に、会社の業績が悪くなったり、企業の信頼を損なうようなスキャンダル、事故などが起きたりすれば買いたい人が少なくなり、株価も下がってしまいます。

株価というのはその株式会社の価値の表れでもあるのです。

たとえば、1000円で買ったものを、1200円で売れば、200円のもうけが出ますが、それと同じで、自分が持っている株の株価が上がったときに、それを売れば差額がもうかるわけです。

このもうけを「値上がり益（キャピタルゲイン）」と呼びます。

このように、株価が上がりそうな会社の株を買って、機会を見てそれを売り、利益を得ようとするのが株式売買です。

ただし、事はそう簡単ではありません。

業績が良くて株価が上がりそうだからと思って株を買ったけれど、予想に反して業績が伸びずに株価が下がってしまうこともよくあります。こうなると差額がマイナスになって損をすることになります。

また、株価が下がるどころかその会社が倒産してしまう可能性もゼロではありません。そうなると持っている株はただの紙切れになってしまいます。

株で大もうけする人もいれば、株で大損してしまう人もいる。株を売り買いしても「必ずもうかる」わけではありません。損をする危険（リスク）もあることを覚えておいてください。

## 上場された株は「株式市場」で売り買いできる

株の売り買いで利益を得るためには、まず株を買う必要がありますが、どこへ行けば株を売っているのでしょうか？　一般の人が誰でも売り買いできる株を「上場株」と言いますが、その株の買い方について簡単に説明します。

たとえば君が「A社の株を買いたい」と思ったとしましょう。

A社の株を発行しているのはA社です。でも、君が直接A社に行って「株を売ってください」とお願いしても売ってくれません。

なぜなら、上場している株の売り買いは原則として「証券取引所（金融商品取引所）」という場所で行われることになっているからです。

魚市場って知ってますよね。魚市場にはさまざまな魚が集められ、魚屋さんはそこで売れそうな魚を仕入れて、それをお客さんに売ります。

上場株の売り買いの仕組みもこれに似ています。

証券取引所とは、さまざまな会社の株が売り買いされる、まさしく〝株の市場〟で、その名も「株式市場」と呼ばれています。

では、A社の株がほしい君はどうすればいいか。

一般的に、証券取引所での株の売り買いの手続きは、株の専門家が代行してくれます。その専門家が「証券会社」です。

まず、証券会社に「口座」をつくって、そこにお金を振り込んでおきます。

なお、口座の開設は、銀行口座を持っていることが前提になり、ほかにマイナンバーカードまたは通知書＋本人確認書類（どちらもない場合は住民票）などが必要です。必要書類は証券会社によって一部違いがあります。証券会社の窓口だけではなく、スマホやパソコンでネットから開設することも可能ですが、ただその場合は、書類をスマホなどでスキャンして画像を送る必要があります。

証券口座は成人年齢の引き下げにともなって、18歳から開設できるようになりました。18歳未満であっても親の同意を得れば「未成年口座」がつくれるので、自分の銀行口座を持っていれば、未成年でも投資は可能です（親が口座を持っていることが条件の場合も多いです）。

証券口座ができたら、いよいよ「A社の株をこれぐらい買いたい（売りたい）」などと証券会社に頼み、君の代わりに市場で売り買いしてもらうわけです。そして君は証券会社に手数料を支払います（これが証券会社のもうけになります）。

かつては証券会社に出向くか電話をして、売り買いしたい株を伝えていたのですが、今ではそうした手続きもインターネットで行うのが主流になっています。

ちなみに、日本にある証券取引の市場は、東京、大阪、名古屋、札幌、福岡の5つ。そのなかで最も規模の大きい市場が「東京証券取引所（略して東証）」です。魚市場でいえば豊洲市場のようなところと考えればいいでしょう。

東京証券取引所は、ニューヨーク、ロンドンの株式市場と並んで世界三大証券取引所のひとつといわれています。

## 「投資」と「投機」の違いって？

こうした株の売り買いには「投資」と「投機」の2つのスタイルがあります。どちらも同じことのように感じられますが、厳密には違います。

投資とは、将来的に利益が出ることを期待して、今、お金を出すことです。よく「君の将来に投資するよ」などという言葉を聞いたことがあるでしょう。これはその人がいずれは成功することを見込んで、今協力するということ。それと同じです。

繰り返しになりますが、会社の株を買うとは、その会社に「お金を出す＝出資する」ことです。

その株を長期間ずっと持ち続けていると、将来、会社の業績がアップして分け前（配当）も増えるし、株価が上がれば、株を売ったときにもうけることができます。もちろん、逆に会社の業績悪化や倒産などで損をするリスクもあります。

そこで、会社の今現在の状況や世の中の流れを見て、「この会社は将来的にきっと成長するだろう」「近い将来、収益がアップするはずだ」「そうすれば自分ももうかる」と期待して株を買う。これが「株式投資」です。

では、もうひとつの売り買いのタイプ、「投機」とは何でしょうか。

投機の機は「チャンス」の意味です。つまり将来的な期待や、株主としての配当よりも、その株価の上がり下がりを見て、チャンス（機）を逃さずに短期的に売り買いして利益を得ようとするのが「投機」。「機会に対して投資する」という意味です。それが犯罪だとか、「絶対やっては悪いこと」という意味ではありません。

デイトレーダーと言われる仕事があります。聞いたことがある人はいるかな？

あまりなじみがないかもしれませんが、ドラマなどで見たことがあるかもしれないですね。自分の部屋に3つも4つもパソコンモニターがあって、そこに折れ線グラフのようなものや数字、アルファベットが並んでいるのが典型的なデイトレーダーの「仕事場」です。昼も夜もモニターを見ているようなイメージがあります。

インターネットの発展によって、自宅のパソコンでも、出先のスマホでも、株の売買が簡単にできるようになりました。

インターネットでの売り買いのなかには、株価が上がりそうな会社の株（銘柄）を見つけては買い、値上がりした瞬間を見計らってその株を売る、1日のうちにそれを何回も繰り返すことで、差額を稼いで利益を増やしていく、というやり方があります。

「株を買ったその日のうちに売る」「売ったらその日のうちに買い戻す」というように、毎日が勝負で、1日に何度も勝負することもあるため、こうした売り買いを「デイトレード」、それをしている個人投資家を「デイトレーダー」と呼んでいます。東京の証券市場だけではなく、アメリカやヨーロッパの市場の動きも見ている場合は、時差の関係から本当に寝る暇もなくなってしまうようです。

常に世界中の株式市場の株価の動きをチェックしては、どの会社の株が値上がりしそうか、いつごろ上がりそうかを考え、機を逃さずに売り買いするという仕事です。

その会社の将来性よりも、株価の変動のほうに関心を持つわけですから、デイトレードは投資ではなく「投機」ということになりますね。

その会社の将来性に期待して株を長く持つのが投資、会社の業績や将来性とは直接関係なく、株価の上下に合わせて次々に株を売り買いしていくのが投機と考えればいいでしょう。

こういう形で利益を得ている人もいますが、「リスクが低く堅実な方法」ではなく、大きくもうかることもあれば、損をするリスクも高いといえます。

堅実に生活資金を増やすための手段とは言えないと考えてください。

## なぜ日本人は「投資」に無縁の人が多いのだろう

欧米の先進国では株式投資のノウハウを早い時期から学校教育などでも子どもたちに教えます。それは「もうけ方」を教えるというよりも、投資の仕組みを知ることで、自国や世界経済の仕組みを理解し、同時に、そのリスクを教えるためのものだと思います。

日本でもこうした教育が今回の学習指導要領改訂を契機に、もっと広がってほしいと願っています。そうすれば、「絶対にもうかる株がある！」「あなただけ未公開株が買える」なんていう詐欺にあって悲しい思いをする人は減るはずです。

「老後資金２０００万円問題」という言葉が数年来話題になっています。これは２０１９年に金融庁が発表した数字ですが、今夫65歳以上、妻60歳以上の高齢者夫婦世帯が今後30年生活すると想定した場合に、２０００万円のお金が必要になるという試算です。もちろん世帯によって、住宅ローンが終わっている人やまだ払っている人、賃貸住宅で家賃を払い続ける必要がある人など、状況は家庭によって違いますから一概には言えないのですが、高齢者が夫婦ともにリタイアして年金しか収入がなくなってしまうと、それだけではまったく生活できず、２０００万円は必要になる可能性があるということ。

これは多くの大人たちに衝撃を与えました。まだ働いている世代の人たちも「夫婦が60代になるまでに２０００万円の貯金なんかできるはずがない！」という人が非常に多かったのです。

これは、日本の年金制度にも大きな問題があるのですが、それに加えて、この世代の人々が「お金を蓄える」と言えば、「銀行の預貯金」にしか頼ってこなかった、ということも原因のひとつだと言わざるを得ません。

「投資」という言葉に最も縁遠いのも、この世代の一般の人たちです。「投資なんてギャンブルのようなもの」「危ないことには手を出さずお金はコツコツ銀行の定期で貯めていこう」といった考え方が、長年の主流だったのです。

銀行の定期預金の利率が「はじめに君たちへ」で書いたように、「10年で10％」だった時代ならいざしらず、すでにそこから40年以上がたち、今や銀行の利息なんてないも同然です。金庫に入れておくのとほぼ変わりません。

日本人は昔から「預貯金」を好む傾向が強く、家計の金融資産（不動産、貴金属などの現物資産以外の資産のこと）のうち、約55％が現金または預金です。

しかし2021年のOECDの調査によると、現金プラス預貯金の割合は、アメリカ13％、カナダ22％、イギリス26％、フランス29％、ドイツ40％、スペイン42％、イタリア33％、韓国43％です。

アメリカの統計を細かく見ると、株式37％、投資信託13％、保険・年金31％で、日本は株式10％、投資信託4％、保険・年金24％となっています。

なお、保険・年金は、掛け捨てではなく満期金がある貯蓄性の高いものが「金融資産」とされます。

国によって金融システム、社会保障システムなどが違うため、単純な比較はできませんが、日本の預貯金率はやはり世界的に見てもかなりの高さになっています。

もともと農耕民族である日本人は、リスクをとって大きな獲物を狙う狩猟民族よりも保守的で、「収穫できたものはきちんと貯蔵しておく」ほうが安心できるのかもしれないなあ、などと僕は思ったりしています。

しかしもう少し早い時期に、銀行に預金をしておくだけではなく、正しく「投資」の必要性を理解していれば、堅実に自分たちの資産を今より増やしておくことはできたはずだと思います。そうすれば、今絶望的な気分になっている人はもっと少なかったのではないか、と思わざるを得ないのです。

## 今から学んでおくべき投資の知識

まず結論から言うと、今この本を読んでいる皆さんは、仕事をするようになったらぜひ「預貯金」だけではなく、自分自身の将来のために、なんらかの形でごく少額からでいいので投資をはじめるべきだと思っています。

投資が必要な理由は、

①お金が増えるスピードが速くなること
②長期投資がうまくいくと、毎月投資に回すお金も少なくて済むようになるこ

と
③少ない負担で効率的にお金を増やすことができること

つまり預貯金よりも効率よくお金を増やせる可能性が高いのです。

もちろん手持ちの現金すべてを使って株などを買うわけではありません。そんなことをしたら、まず生活費がなくなってすぐに困ってしまいます。

つまり、これまでの常識なら今すぐには使わないお金を定期預金に預けたり、月々1万円ずつ積立預金に回す人がほとんどだったわけですが、そのお金を投資という形で管理するのです。

今すぐではなくても、将来的に必要になる住宅資金、結婚資金、教育資金、老後資金といったものは、中長期的な投資をすることで、とても効率よく増やすことが可能になります。

大切なお金で一攫千金を狙うようなバクチを打て、と言っているわけではありません。

大きなもうけにはならなくても、銀行預金よりはずっと効率がいい方法と言えます。

ただし、ここで理解してほしいのは、けっしてリスクがないわけではない、ということです。

業績も良いし絶対に安全だと思って買った株が急に下がることもありますし、株以外の商品、つまり債券や投資信託と言われるものでも、リスクはもちろんあります。

## 基本中の基本は「長期」「積立」「分散」

そこで、大切なことが

①「長期」②「積立」③「分散」の3原則。

まず、ここが最も大事なポイントです。

①の「長期」とは、デイトレーダーのように1日のうちに何度も売買するよ

うな取引ではなく、最低10年程度、できれば数十年単位での運用を考えるべきだということ。

②の「積立」はいきなりまとまったお金を投資に回してしまうのではなく、毎月同額ずつ投資額を積み立て運用していくべきだということ。

③の「分散」は、同じ商品、つまり同じ会社の株だけを買うようなことをせず、複数の企業の株式や、株式以外の金融商品、たとえば投資信託や、海外の債券などを同時に買って運用することでリスクを下げるということ。

投資の世界では「リスク」と「リターン」を常にセットにして考えます。リスクとは投資した資産が減ってしまう可能性、リターンとは運用の成果、つまり利益です。

投資には「損をするリスク」が多かれ少なかれ、必ずあるという事実をまずしっかりと理解しましょう。

リスクにはさまざまな要因があります。まず価格変動リスク。これは株式などの値段が変動する可能性です。企業業績が安定していて、長期的に見てもあまり大きく動かず多少上がっている傾向がある株を持っている場合は「ローリスク・ローリターン」、乱高下しがちなものは「ハイリスク・ハイリターン」です。

信用リスクとは、企業や国家そのものの財務状態が悪化することによって利息や償還金と言われるものなどが支払われなくなる可能性があることです。国債というのは、起業ではなく国への投資で、通常なら企業に投資するよりも「安全」とも言えます。会社より国のほうがつぶれにくいだろう、と思いますよね。ところが国家財政があっという間に破綻してしまう、という例があります。会社と同じように、国も「破産」してしまうことがあるのです。破産しないまでも、破産寸前になって国の信用、評判がガタ落ちになることは珍しくありません。理由は、戦争・紛争や経済政策の失敗などさまざまです。

そして為替変動リスク。為替レートの変動によって資産の価値が変動してしまうことです。わかりやすく言えば、円安になれば円の価値が下がってしまうということになります。

長期・積立・分散によって、今お話ししたようなリスクをできるだけ抑えて、堅実に運用することがとても大切なのです。

長期で株や、株式指数ファンド（主要な株価の動きに連動して価値が上下する投資信託）など同じ商品を保有し続けていると、一時的には価値が下がることがあっても、そのとき慌てて売らずにずっと持っていれば、まただんだん上がっていくことが多いものです。逆に、少し価値が上がったからといってすぐさま売って、目先の利益を確定することはせず、地味でもじっくりと保有している、という姿勢のほうが大事です。長期になればなるほど、毎年得られる配当金が最初に投資した金額（元金）に加わりますから、同じ利回りであっても、利益は増えやすくなる効果もあります。

積立が大切だというのは、これもリスクを低く抑えるために有効だからです。すべての金融商品は、買う時期によって価格が違います。もしまとまった金額で「高い時期」に買ってしまうと、安くなる時期の資産価値の下落総額が大きくなってしまう。とはいっても「安い時期を狙って買う」のはプロでもなかなか難しいものです。さらに下がることもあるし、しばらく我慢していれば上がる可能性もある。

だったら、まとめ買いをするのではなく、毎月数万円ずつなど決まった金額を積み立てて投資していくほうが、リスクは軽減できます。今月は高い時期にあたったけれど、来月が同じくらい安くなっていれば、2カ月で収支はトントンです。しかし、最初の月に全額を投資してしまっていれば2カ月後の収支は大きなマイナスとなります。積立投資によって、価格変動のインパクトは中長期的には少なくなり、長い目で見れば、極端に高くも安くもない平均値で買ったのと同じことになります。全体の傾向として、少し上がっていれば、それで運用成功ということです。

分散投資もリスクを最小限に抑えるための手段です。これはAという商品だけをまとめて買うよりも、投資先をAとBに分散し、投資のタイミングをずらすなど工夫すればAが暴落してもBは上がるということもあり、それによってAで損した分をカバーできることもあります。

これは株式投資のなかでの分散ですが、投資先を株式ばかりにせず、一部は債券、一部は不動産、あるいは金など別の種類の資産に分散させることも大切です。

## 金融商品の種類や特徴を知ろう

ここまでは、主に「株式への投資」を例に説明しました。それがいちばんわかりやすいと思ったからなのですが、実は、「株式投資」、それも「単独の企業の株を買う」というのは、実はあまりおすすめできません。

もちろん好きな会社、応援したい会社の株を少額でも長く持ち続け、ときどき株主優待のサービスを受ける、ということであればまったく問題はありませんし、少しでも株式を持っていると、その企業の業績や株価の推移にも注意を払うようになりますから、入り口としてはふさわしいかもしれません。

ただ、その企業だけに「資産運用を託す」のはたいへん危険です。資産を少しでも増やそう、という場合に個別の株がおすすめできないというのは、それが理由です。企業は破綻する可能性もあります。一流と言われた伝統ある企業が破綻した例もあります。そのため1社だけではなく、複数の個別株を短期で売り買いしている人もたくさんいますが、これはやはり投資というよりも投機的な側面が強くなります。

インターネット、雑誌、テレビなどでは「この株が上がりそうだ」「今こそ買いです」などと書いてあっても、情報が表に出た段階ではすでに上がってしまっているし、本当の買い時はすぎているのが常識です。

複数の株式銘柄を売ったり買ったりして日々、損益に一喜一憂するのは、お金に余裕があってゲーム的に楽しめるのであればいいと思いますが、生活資金を堅実に増やしたいという場合には向かないということです。

個別の株式以外に、おすすめできるのが投資信託と言われる金融商品です。これは、うんと簡単に言うと、投資家から集めた資金を専門家が株式や債券、不動産など複数に分散投資して運用してくれる、というもの。Aという投資信託に投資した人全員のお金をまとめて運用するわけですが、運用の結果出た利益は、投資した金額によって分配されます。さまざまなタイプの投資信託があり、いずれも複数の投資先をさまざまに組み合わせたものです。

投資信託の投資対象になるのは、国内外の株式や債券などです。年齢制限はなく、証券会社に証券口座を開設すればいつでも100円から投資をはじめられます。

いつでも引き出せますが買うときの手数料、保有している間の信託報酬、売るときの手数料がかかります。ただ、個々の投資信託によってかなり違い、買うときの手数料がかからないものや、売るときの手数料が無料のものもありますが、保有中の信託報酬は必ず発生します。信託報酬は年に0・5〜2・5%くらいが目安です。

手数料はかかりますが、「おまかせ運用」なので、投資の初心者にも向いた商品といえるでしょう。

投資信託を定期的に、一定の金額で毎月決まった日に買い足していく「積立投資信託」というものもあります。

なおいずれも利益に対して20・135%の税金がかかります。

どちらも、長期間保有したほうが、5年程度の短期よりも「元本割れ」のリスクは低くなりますから、やはり長期で運用することが大事です。

またNISAというものがありますが、投資信託に限らず、この口座を利用すれば毎年120万円の投資が非課税投資枠になるというものです。

つみたてNISAといって毎年40万円までは非課税投資枠になるものもあります。対象年齢は20歳以上で、ひとり1口座のみ開設可能です。投資初心者で、低リスクで長期間の運用を「おまかせ」で行いたいという場合には、つみたてNISAで投資信託を買うのがおすすめではないでしょうか。つみたてNISAの対象になっている商品は金融庁に届け出る必要があるのですが、こちらはホームページで運用会社名、商品名ともに公開しています。

(なおNISAは2024年から新NISAとなり非課税投資枠の総額などが変更になる予定です。現在のジュニアNISAはこれにともなって2023年に終了し、新NISAに移行します)

成人年齢の引き下げにともなって、通常の証券口座は18歳以上になれば開設でき、親の同意があれば18歳未満でも「未成年口座」をつくれます。

ちょっと意外かもしれませんが、小学生でも「投資」はできるのです。

## 初心者にも手軽なポイント運用

なんだかよくわからないけれどちょっと試してみたい、という君にいいものを紹介しましょう。

それが「ポイント運用」です。似たものに「ポイント投資」というものもありますが、ちょっと仕組みが違います。

ポイント投資はクレジットカードを利用することで貯まったポイントを「お金」として投資するものです。そのため通常の投資とまったく同じで証券会社に口座を開設して投資信託などを買う、という仕組みです。利益が出た場合は、ポイントではなく、現金を受け取れます。

また、現金とポイントを併用して投資することも可能です。ポイントがいつも余ってしまう、知らないうちに期限切れになっている、というようなこともなくなり、ポイントの有効活用になりますが、現金の投資と変わりませんから、リスクは当然あり、手数料もかかります。

皆さんにおすすめしたいと思っているのは「ポイント運用」のほう。これは「擬似運用型」とか「ポイント連動型」とも言われるもので、口座開設も不要。手数料もかかりません。買い物などで貯まった「ポイント」が、実際の金融商品の変動に合わせて増減するというものです。もし減ってしまっても、現金ではなく「ポイント」なので、ショックも少ないと思います。

## 初心者は手を出さないほうがいい投資

基本的には、ハイリスクの商品はやめましょう。

まずＦＸと言われるもの。

ＦＸとは Foreign Exchange の略で、外国為替証拠金取引と呼ばれている投資です。米ドルと日本円を交換するなど、通貨と通貨を交換する取引をＦＸと言います。

すでに難しそうだと思いませんか？

もっとも基本的な仕組みが難しいわけではありません。海外旅行で円をドルに両替して、帰国時に円に戻す場合、タイミングによっては損をしたりちょっと得になったりしますよね。通貨の交換によって出る「差益」を狙うのがこの取引です。金額が大きくなればなるほど、差益額も大きくなります。

さらにA国とB国の「金利」の違いを利用して、差益を得ることも可能です。

FXの最大の特徴は手持ちのお金があまりなくても、少額の証拠金だけで大きな金額の取引をすることが可能だという点です。これを「レバレッジ」と言うのですが、リスクがあるのはここです。手持ち資金（証拠金）が少ししかなくても大きな資金を動かすことができるため、もうかったときはいいのですが、為替が急に変動した場合などに非常に大きな損が発生するケースがあります。損失が一定額を超えてしまうと、「ロスカット」といって、証拠金をはるかに超える損失を被ることがあり得ます。

どう考えても初心者向きとは言えません。

つぎに避けたほうがいいと思うのは、仮想通貨（暗号資産）取引です。

本来株や債券、為替などは経済環境や企業業績などが前提になって上下します。必ずしもそうとは言い切れない変動がある場合もありますが、基本的には「変動する理由」があります。

しかし、仮想通貨というのはなぜ変動するかという裏付けや明確な理由がなく、ランダムに変動します。そのため、ときに大きくもうかるケースもありますが、大損する可能性もあります。

ごく少額で、「全部なくなってしまってもかまわない」というくらいの金額で、ちょっとゲームのように遊んでみるくらいはいいかもしれませんが、これも「生活資金などを堅実に増やしたい」場合は手を出さないこと。

## ローリスクで節税を目指すならiDeCoも選択肢のうち

投資は、こうしたことをある程度理解した上で、ぜひ早めにはじめてみてほしいと思います。

NISAなどはぜひ利用することをおすすめします。少額からで十分です。毎月少しずつ日々の生活を圧迫しない程度に投資を続けていけば、元本割れのリスクも減り、銀行の金利よりずっと早くお金が増える可能性が高いです。

新人サラリーマンで、絶対にリスクはとりたくない、という人ならばiDe

Ｃｏという制度を利用するのもいいかもしれません。こちらは非課税枠を利用しながら老後の資金をつくるための年金制度です。

ＮＩＳＡと同様、利益に対しての課税はありません。掛け金は所得控除になるので、その分節税にもなるというわけ。ただし、60歳になるまで引き出せないというデメリットがあります。

ｉＤｅＣｏは、個人型確定拠出年金のこと。会社員なら国民年金に加えて厚生年金がもらえることになりますが、さらにｉＤｅＣｏを加えることができます。自営業の場合は国民年金しか受け取れませんが、これにもｉＤｅＣｏをプラスすることができます。

最大の特徴は、自分自身で運用する投資対象を決めて運用を行うという点です。

運用対象は投資信託などだけではなく、定期預金や保険も含まれます。

20歳以上65歳未満、国民年金・厚生年金などに加入していれば原則的にＯＫです。月々５０００円からはじめることができ、年に1回だけ変更が可能です。

掛け金の上限額は会社員の場合最大で月額２万３０００円（企業年金に入って

いない場合)、自営業は月額6万8000円、主婦は2万3000円となっています。

投資に「定期預金」が入っているのは意外かもしれませんが、元本は確保されます。運用失敗で損をする恐れはまずないということです。運用で利益が出ることはほぼ期待できないし手数料もかかるのですが、最大のメリットはその年の所得税と翌年の住民税を「節税」できること。節税分が利益と考えれば、保守的なタイプの人には選択肢のひとつとなるかもしれませんね。

60歳まで引き出せないのはデメリットですが、「年金」なのですから仕方ないとあきらめてください。

シミュレーションサイトなどもありますから、もしも元本確保商品だけで運用した場合、だいたいいくらの節税になるのか、などを調べてみてもいいのではないでしょうか。少なくとも、ほぼ金利ゼロの銀行に寝かせておくよりは、利益が出なくてもずっと得だと思います。

この章はけっこう難しかったかな?　これでもなるべくわかりやすくしたつ

もりなのですが、難解だったらごめんなさい！

おそらく、高校の投資教育でもこれほど詳しく投資について習うことはないでしょうが、僕は、せめてこのくらいはだいたいでいいから知っておいてほしい、と思っています。

# 6

## もうすぐ社会で、世界で活躍しはじめる君に

「経済」——こんな言葉を使うと「何だか難しい」と敬遠するかもしれないね。

でも、そんなに難しく考えなくていい。

経済というのは世の中のお金の流れ、世の中のお金の仕組みのことだ。

ここからは少しだけ範囲を広げて、世の中レベルでお金のことを考えてみよう。円安とかインフレとか。お金が動けば世の中が動く。その仕組みを知っておくことは、将来、必ず君たちの役に立つんだよ。

# 「景気が良い」「景気が悪い」とはどういう意味か

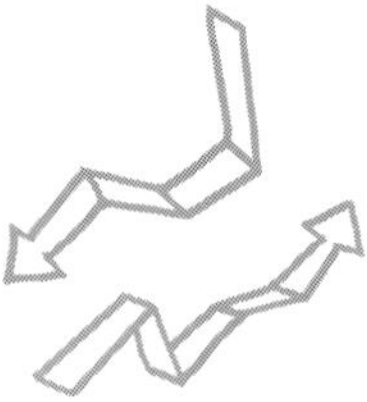

## 景気とは国全体の「お金の回り具合」のようなもの

景気が良い、景気が悪い——ニュースや誰かとの会話のなかでもよく耳にする言葉です。君たちも聞いたことありますよね。とくに今は「不景気だ、不景気だ」と言われ続けています。

そもそも景気って何なのでしょうか?

景気という言葉を辞書で調べると「社会全体にわたる経済活動の活発さの程度」などと書いてあります。ん〜、「わかるような、わからないような」説明ですよね。

ではもっと簡単に言いましょう。景気とは、「世の中のお金のめぐり具合」ということ。それはつまり、国の経済の健康状態のこと。「景気が良い」とは、国の経済の体調が良い元気な状態のことです。

みんながモノやサービスにたくさんお金を使い、会社がもうかって社員の給料が上がり、給料が上がった社員はさらにお金を使うからモノやサービスが売れ、ますます会社がもうかり――という上向きのサイクル。世の中のお金のめぐりが活発で、仕事や給料も増えていく状態です。君たちのお小遣いだって増えるかもしれません。

反対に、モノが売れず、会社がもうからず、社員の給料が上がらず、ますますモノが売れず――というマイナスのサイクルになることを「景気が悪い」と言います。お金のめぐりが悪く、世の中の元気がない状態です。

## 景気が良い・悪いは誰が決めるんだろう？

コロナ禍、そしてロシアのウクライナ侵攻などが影響し、２０２３年の年頭、日本はあいつぐ値上げに苦しんでいる。物価が高くなってもその分、あるいはそれ以上に給料が高くなれば何の問題もない。

さて今の日本は「景気が良い」のか「景気が悪い」のか。悪いとすれば、どのくらい悪いのか。いったい誰が、どんな基準で決めているのでしょうか。

たとえば日本銀行（日銀）は、全国の1万社を超える企業に対して「景気は良いか、さほど良くないか、悪いか」とか「この先、景気は良くなりそうか、悪くなりそうか」といったアンケートを取って、それを「日銀短観（全国企業短期経済観測調査）」としてまとめて発表しています。

また内閣府ではさまざまな指標を基に「景気動向指数」というデータを作成、発表しています。内閣府ではこのほかにタクシーの運転手やコンビニの店長、自動車の営業マンなど景気に敏感な仕事をしている人に協力してもらって、その人の感覚で景気の良し悪しを報告してもらう「景気ウォッチャー調査」も行っています。

とはいえ、景気が良いか悪いか、その感じ方は人によって、仕事の業種によって、それぞれ違います。すべての国民が「今、日本は間違いなく景気が良い」と感じることはとても難しい。ですから好景気・不景気は「あくまで平均的な全体の傾向」という感じで考えたほうがいいのです。

ただ、いずれにせよ現在の日本で暮らしていて「とても景気が良い」と感じる人はいないでしょう。

## 好景気と不景気は繰り返される

景気が良いとモノがたくさん売れます。ドンドン売れるから、モノの値段は上がっていきます。会社は「もっともっと売れるだろう」と、さらにたくさんつくります。

ところがこの状態は永遠に続くわけではありません。やがてモノは売れなくなっていくんですね。なぜなら、つくりすぎた結果、世の中にモノがあふれすぎて、買いたい人（需要）が売りたい人（供給）よりも少なくなるわけです。

すると会社の倉庫には余ったモノ（在庫）が山ほど残ってしまいます。倉庫にモノが余っているのですから、それが減るまで会社はモノづくりを減らします。

その結果、会社の業績は下がり、社員の給料も下がり、世の中ではさらにモノが売れなくなる。売れないからモノの値段も下がる。これでは会社がもうからない——つまり、不景気のサイクルに入っていくのです。

でも、こうした不景気状態がある程度続くと、やがて世の中全体のモノの量が減っていきます。モノが減りすぎるとそれはそれで困りますよね。だから再びモノが必要になり、次第にモノが売れるようになっていきます。

つまり、また景気が回復して良くなるというわけです。

こうして好景気と不景気は交互に繰り返されていきます（あくまでも理論上は、ですが）。これを景気循環と呼びます。良すぎるとサーッと引いて不景気になり、引きすぎると再び戻ってくる。景気とは〝寄せては返す波〟のようなものなのです。

## どうすれば景気は良くなるのだろう

モノが売れない。会社はもうからない。もうからないからリストラされる人も出てくる。倒産する会社も出てくる——こうした不景気状態がいつまでも続くと、みんなたいへんです。

それでは困る、何か手を打たなければマズイということで、国は、不景気が続くといろいろと景気対策を講じるわけです。

景気を良くするために実施される代表的な景気対策は「財政政策」と「金融政策」の2つです。

「財政政策」とは、新しく橋をつくったり、新しく道路をつくったりなど、国が行うべき仕事（公共事業）にお金を使ったり、税金を減らしたり、お金を配ったりして、国がお金をたくさん使うことです。

そもそも不景気なのですから、いくら「お金のめぐりを良くするためにお金をたくさん使ってください」と頼んだところで、みんなにはそんなに余裕がありません。

国民みんながお金を使えないのなら、政府が国のお金を使って新しい公共事業を行ったり、国民の負担を軽くしていこう、というわけですね。

もうひとつの「金融政策」は、日本銀行が担当する景気対策。世の中に流通する（めぐる）お金をコントロールして景気を安定させるやり方です。

具体的には、一般の民間銀行が日銀に貯め込んだお金を、何とかして世の中に流通させようというものです。

いくつか方法がありますが、ひとつは民間銀行同士がお金を貸し借りするときの金利（無担保コール翌日物の金利）を下げたり、日銀が新しく発行するお札で民間銀行が持っている「国債」というものを買うことで、世の中に出回るお金の量を増やすというやり方です。

金利が下がれば、民間銀行同士のお金の貸し借りはラクになります。民間銀行が持っているお金が増えれば、民間銀行はそのお金を企業に貸しやすくなるよね。その際の貸し出し金利も下げることができるし、日本の金利が海外よりも相対的に下がったり、日本のお札が海外のお札よりも相対的に増えたりすれば円安になって、日本企業、とくに輸出がメインの企業などを中心に、もうけが増えやすくなるのです。

そして、銀行からお金を借りるときの利息が下がったり、円安になって会社の将来に安心感を持った会社はお金を借りやすくなる。そうすれば、借りたお金で新しい工場を建てたり、新しい商品開発に力を入れることもできる。そうすると今度は働く人がもっとたくさん必要になって社員を増やしたり、社員の給料を上げよう、ということにもつながります。

日銀と銀行、銀行と会社や個人、その間のお金の貸し借りをすればお金が回る。そのために金利を下げたりお札の量を増やすという考え方――これが金融緩和（お金の流れを良くすること）と呼ばれる金融政策です。

## 不景気と日銀とマイナス金利

こうした景気対策をしているにもかかわらず、日本の景気は十分には良くなりませんでした。そこで日銀は２０１６年から、さらなる思い切った対策を打ち出しました。

それが「マイナス金利政策」です。君たちもニュースで聞いたことがあるかもしれませんね。

マイナス金利政策とは、日銀が民間の銀行から預かるお金の一部に〝マイナスの利息（2016年以降はマイナス0・1％）〟をつける政策のこと。日銀は〝銀行の銀行〟と呼ばれ、民間の銀行としか取引を行いません。民間の銀行はそれぞれが日銀に銀行口座を持っていて、莫大なお金を預けているわけです。

そして僕たちが銀行にお金を預けると利息がつくように、民間銀行は日銀に預けていれば利息分のお金が受け取れたのです。

そこに導入されたのが、マイナス金利政策でした。

マイナス金利とは、お金を預けるとマイナスの利息がかかる、つまり預けた側の民間銀行が、日銀に利息を〝払わなければいけない〟ということです。

預けっぱなしでは利息がつくどころか、お金を取られてしまうわけで、これでは銀行もたまったものではありません。

そうすると民間銀行は「預けっぱなしで日銀に利息を払うくらいなら、会社や個人に貸し出したほうが利益になる」と考えるだろう。もしくは、日本の金利が海外の金利よりも相対的に下がる期待が高まれば円安になり、株が上がり、企業のもうけも増えるだろう。そうなれば世の中にお金がめぐって景気が良くなるだろう。日銀はそう期待してマイナス金利を導入したのです。

預けておいたって損だし、円安になるよ、だから使いなさい――マイナス金利政策とは、日銀からのこうしたメッセージなのですね。

しかし銀行が「会社に、個人にもっとお金を貸します」と言い出しても、不景気のなか金利が少し下がったからといってすぐに「じゃあ借ります」とはならないのが現実です。また、為替も日本の事情だけで決まるわけではありません。

預けておけばお金を取られるし、貸すと言っても借りてくれない。マイナス金利にしたからといって円安になるとは限らない。今、銀行だってたいへんなのです。

ちなみに、「マイナス金利の場合、私たちも銀行に預けると損をするの?」と勘違いしている人も少なくありませんが、「マイナス金利」が適用されたのは日銀と民間銀行の間の一部の預金だけで、個人の銀行預金の利息がマイナスになるわけではありません。

## 「インフレ」と「デフレ」って何のこと？

### 「インフレ」「デフレ」の正体

景気といっしょに語られることが多いのが「物価」という言葉です。物価が高い、物価が安い、物価が上がっている、物価が下がっている——これまたニュースでよく聞く表現ですが、そもそも物価とは何でしょうか。

君たちのなかには「物価」と「価格」がゴッチャになっている人がいるかも知れません。この2つの言葉は似ているけどちょっと違います。

価格はひとつのモノに対し支払われる金額のこと。商品の値札に書かれているのが価格です。

「物価」というのは、もっと広い目で見たモノの価格を捉えたもの。世の中全体を見たときのモノの価格の動きが物価になります。

では、物価と景気の良い・悪いとは、どんな関係にあるのでしょうか。

ここで出てくるのが、君たちもよく耳にしている「インフレ」「デフレ」という言葉です。


景気が良いときは、給料やお小遣いが増えるから、ほしいものがすぐに買えます。こうしたときには、「少しくらい高くお金を払っても、ほしいものを買いたい」と思う人が多くなります。売るほうも「少しくらい高くても、買ってくれるはず」と思います。

するとモノ（形のないサービスも含む）の価格、つまり物価は上がっていきます。これは言い換えると、お金よりモノのほうに価値があるということ。つまり景気が良いときは、お金の価値が下がるのです。

このように、景気が良くて物価が上がり、お金の価値が下がる状態を「インフレ（インフレーション）」と言います。

インフレのとき、世の中ではどんなことが起きるのでしょうか。

たとえば君がインフレのときに、2万円の新しい自転車を買いに行ったとします。

インフレ状態では物価が上がっていきますから、もしかしたら目の前にある自転車の価格も、明日には2万円より上がってしまうかもしれません。

だとすれば、君はきっと、「価格が上がる前の、今のうちに買っておいたほうがいい」と思いますよね。ほかのみんなも、ほしいモノがあると早く買おうと考えるのでモノはよく売れて、景気も良くなるのです。

逆に景気が悪いときは、給料もお小遣いも減らされるから、買いたいモノがあってもできるだけガマンしますよね。

このとき「お金がもったいないから、絶対必要なもの以外は買わない」と思う人が増えます。売るほうは「価値のある商品でも売るためには安くしよう」と思います。すると世の中の物価は下がっていきます（お金の価値が上がる）。

このように、景気が悪くて物価が下がっている状態を「デフレ（デフレーション）」と言います。

では今度は君が、デフレのときに2万円の自転車を買いに行ったとしましょう。

デフレになると物価は下がっていきます。ということは、目の前にある自転車の価格は、明日になれば1万円台に下がっているかもしれません。来週になればもっと、来月になればもっともっと安くなっている可能性があります。

そのとき君はどう思うでしょうか。「もっと待てば、さらに安くなるに違いない。それなら今すぐ買うのはやめておこう」と考えても不思議ではありませんよね。

いますぐ必要なものならば買うでしょうが、多くの人は君と同じように「もっと安くなるまで待とう」と考えるでしょう。これが「買い控え」という状態です。

あとで買おう、もっと待とうと買い控える人が増えるというのは、モノが売れなくなるということ。だから、景気が悪くなるんですね。

「え、物価が上がると景気が悪くなるんじゃないの？」と疑問に思っている人も多いようですが、それは逆なんですね。

## 物価は上がりすぎても下がりすぎてもダメ

先ほど説明したように、インフレは、基本的には景気がいい状態に発生します。そのため、「景気が良くなるんだからインフレは良いこと。世の中、どんどんインフレが進むほうがいいんじゃない？」と思いがち。

でも、それは違います。

前に書いたように、景気の良い・悪いは人や仕事によって違います。ですから、みんながみんな、景気が良くてお金があるとは限りません。

そのため、物価が上がりすぎると、モノの価格が高くなりすぎて、ほしいものが買えなくなる人も出てきます。給料が物価と同じ勢いで上がってくればいいのですが、そうなることはまれで、今現在の日本は「物価だけ上がって給料が上がらない」状態です。

さらに物価が上がってお金の価値が下がり続けていくと、高すぎて買えない人たちがますます増えていきます。

適度なインフレは景気を良くしますが、行きすぎたインフレになると逆に経済は大きく混乱してしまうのです。

また、考えようによっては、モノの価格が下がり続けるデフレも、「安く買えるなら、デフレがいいな」などと思う人もいます。確かに、目の前のことだけを考えれば、そうした一面もあるかもしれません。

でも、デフレが続いてモノの価格が下がり続けるとどうなるか。

商品をつくったり売ったりしている会社の利益が減る。

↓

会社がもうからないから社員の給料も減る。

↓

給料が減るから安いモノしか売れない。

↓

さらに価格が下がる。

このように、階段を転げ落ちるようにして景気はどんどん悪くなっていきます。こうした状態を「デフレスパイラル」と呼びます。

給料は下がっても、モノの価格も下がるからまあいいや――そんな簡単な話ではないんですね。

突然ですが、君はお風呂が好きですか？

お風呂のお湯は高すぎると熱くてやけどをするし、かといって低すぎて冷たいと体が冷えて風邪をひいてしまいます。

まあ、好みにもよりますが、お風呂のお湯の適温はだいたい40度前後だそうです。

つまり、何事にも「ちょうどいい度合い」があるということ。

それは物価も同じです。すぎたるは及ばざるがごとし。物価が上がりすぎて極端なインフレになるのも、下がりすぎてデフレが終わらないのも、世の中の経済にとってはマイナス。お風呂で言うところの「適温」がいちばん望ましいんですね。

## 「お金がなければもっと印刷すればいい」のリスク

みんなが「不景気でお金がない」と言っている。そんなにお金が足りないなら、もっとたくさんお札を印刷して世の中に撒けばいいのに。バンバンお金を印刷して配ってくれれば、みんなお金持ちになれるのに――こう思ったことはありませんか？

そうだよね――と言いたいところですが、実は、話はそんなに単純ではありません。

お札を発行できるのは日銀だけですが、その日銀が、世の中が不景気だからといってお札をバンバン発行したら、どういうことになるでしょうか。

お札をたくさん印刷すれば、当然、世の中をめぐるお金の量は増えますよね。ここで「モノは数が多いと価値が下がり、数が少ないと価値が上がる」という「需要と供給」の原則を思い出してください。

世の中に出回るお金が増えれば、それだけお金の価値は下がります。そして、みんなが山ほどのお金を持って、みんなが競ってモノを買うと物価は上がります。つまり、世の中はインフレになるということです。

今日より明日のほうが価格が上がるのなら、早めに買っておこうとみんな〝買いだめ〟するでしょう。みんなが買いだめするほどモノの需要が増えて、さらにまた物価が上がります。

みんなが一気に買って物価が上がるのを繰り返すことで、インフレは一気に加速していきます。物価も一気に上昇していきます。これが世の中にお金が出回りすぎたときに発生する「ハイパーインフレ」という現象なのです。

かつて第一次世界大戦後のドイツで驚くべきハイパーインフレが発生しました。

原因となったのは、戦勝国から請求された巨額の賠償金。それを支払うために膨大な量のお金を印刷し続けたことで、国内に流通するお金が急増したのです。

当時のドイツでは、インフレによって5年で物価が1兆倍（！）にもなったといわれています。「200円だったハンバーガーが5年で200兆円になった」と言えば、そのすごさがわかるでしょう。

こうなると「オレは1000億円持っているんだ」と威張っていた大金持ちが、全財産をはたいてもひとつのハンバーガーさえ買えなくなってしまう。お金の価値など、ほとんどなくなってしまうというわけです。

これは本当に極端な例ですが、実際にあった話です。

2008年のジンバブエ共和国では、物価の上昇に歯止めがかからなくなって、お金が紙くず同然になってしまうというハイパーインフレが起きました。ジンバブエでは1年前に100円だった商品が、なんと35万円以上にまで値上がりしたといいます。

## アベノミクスの目的は「インフレを起こす」ことだった

ただ近年の日本は逆のケースで、本当はもう少し世の中にお金が必要だったのに日銀が刷らなかったために、デフレになってしまいました。そのデフレがずっと終わらずに景気が悪くなっていったという経緯があるのです。

そこで、この言葉が出てきます。

アベノミクス——君たちも聞いたことがあるでしょう。２０１２年12月、故・安倍晋三首相（当時）が打ち出した経済政策のこと。「政策によって景気を良くしてもうけを増やし、適度なインフレを起こそう」というのがアベノミクスの大きな目的でした。

そして政策のひとつが、お金の供給量を増やすことです。ただ政府には紙幣を発行する権限はありませんから、日銀に、もっとお札を発行してくれそうな人材を送り込むわけですね。そして２０１３年３月から日銀のトップは、同じような考えを持つ黒田東彦《はるひこ》総裁に代わりました。

世の中のお金の量を増やせば企業はお金を借りやすくなるし、個人もお金を使いやすくなるだろう。そうすれば景気が良くなり、インフレが起きて、みんなのお給料も上向いてくるだろうという考え方です。

この方法には、「国が世の中にお金を大量に流すよ」とアピールすることで、みんなに「それならインフレになるかも」「じゃあ、値上がりする前に、今のうちに買っておこう」と思わせ、お金を使いたくなる気持ちにさせる効果も期待されました。

ただしインフレになると、ときには物価の上昇にブレーキがかからず、先ほど説明したような「ハイパーインフレ」を引き起こしてしまう危険性もあるなど、この政策に反対する意見もありました。実際にはそうなりませんでしたが。

この方針は、菅義偉首相、岸田文雄首相に引き継がれ、2022年7月に安倍元首相が凶弾に倒れた後も、日銀の黒田総裁のもとで継続されました。

ただ黒田総裁は2022年12月「大規模な金融緩和そのものは維持する」としながら、住宅ローンなどの金利にも関連する長期金利の変動幅を0・25%から0・5%に変更しました。黒田総裁は「金融緩和の持続性を高めるため」とし、「(アベノミクスの目標でもある)インフレ率2%は持続的・安定的に達成されていない」と述べました。

2022年末から2023年頭にかけて、消費者物価指数は4%近くまで上昇し、これを受けて大企業を中心に賃上げの機運が高まってはいますが、2023年頭時点で、生活が豊かになりつつある実感はまだありません。「目指すべきインフレ」とは物価も、給料も上がっている状態のことです。

岸田首相は2023年1月4日の記者会見で「なんとしても賃上げを実現する」と述べましたが、その成果は今のところ未知数です。

これまで給料が上がりにくかったさまざまな理由を、この本で詳しく述べるスペースはありませんが、まず雇用形態の構造そのものを変えていくことが、今後の大きな課題のひとつだと考えています。

## 「円高」と「円安」を理解しておこう

### 外国とモノを売り買いするには「通貨の交換」が必要

今度は外国に目を向けてみましょう。

日本ではつくれない、日本では売っていない、日本では珍しい外国のモノがあれば、それをほしい、買いたいという人も出てきますよね。そこで「ならば外国のモノを買おう」という選択肢が生まれます。これが輸入の基本。

またそれとは逆に、日本のモノを見て「ウチの国にはないからぜひ買いたい」と思う外国の人たちもいます。そこで「それならば日本のモノを外国に売ろう」という発想も生まれます。これが輸出の基本です。

では外国のモノを買うとき、日本のモノを外国に売るとき、お金の支払い（決済）はどうすればいいでしょうか。

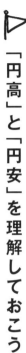

ここで問題になるのが、日本と外国では国内で使われているお金（通貨）が違うということです。

たとえば日本の通貨は「円」ですが、アメリカでは「ドル」が使われていますよね。そこで、外国とモノを売り買いする場合、「どちらの通貨で支払いをするかを決める」必要が出てきます。それが自国の通貨ではない場合、相手の通貨に交換しなければなりません。

日本の会社がアメリカの会社からモノを買う（輸入する）とき、アメリカの会社が「ドルで払ってくれ」ということになれば、日本円をアメリカドルに交換する必要が出てくるのです。

このとき自国通貨（円）と相手国通貨（ドル）を、お互いにいくらで交換すればいいか――その交換比率を為替レート（外国為替相場）と呼びます。

日本円とアメリカドルの為替レートが「1ドル＝100円」であれば、100円で1ドルに交換できる。つまり100円で1ドルのモノが買えることになります。

これが日本とイギリスとの売り買いなら、「1ポンド＝120円」といった円とポンドの為替レートが使われます。
日本が通貨の違う国との間で売り買いする際には、円とその国の通貨の為替レートが関係してくるんですね。

世界には国によってさまざまな通貨がありますが、違う国と取引するたびにどっちにするかを決めるのはとても手間と時間がかかります。ならば世界中でいちばん多く使われている通貨を基準にしようとなりました。それが「基軸通貨」です。

現在、世界の基軸通貨になっているのはアメリカドル。そのため、多くの国が外国との取引では「ドル」を基準にして支払いをしています。

## 円と外国のお金と交換する「外国為替市場」はどこにある？

自国のお金と外国のお金を交換する市場を「外国為替市場」と言います。
「市場」というと魚市場や野菜市場のような場所、また株式市場における証券取引所のような場所をイメージするかもしれませんが、外国為替市場にはそういった特定の場所はありません。

為替市場は売る人と買う人が1対1で、しかも電話やインターネットなどで取引から決済までを行うだけ。そのため、みんなが集まる場所は必要ありません。また、インターネットなどによる取引のため、取引時間が何時から何時までと限定されることもありません。24時間、世界のあちこちで行われています。

ニュースではよく、イギリスの「ロンドン外国為替市場」とか、アメリカの「ニューヨーク外国為替市場」とか、日本の「東京外国為替市場」といった名前が出てきますが、それも建物や場所のことではありません。

24時間取引が行われているため、その時間帯に多くの取引が行われている都市を指しているだけなのです
一般的には、日本時間で朝9時~17時の取引を「東京外国為替市場」、16時~深夜2時の取引を「ロンドン外国為替市場」、21時~翌朝6時の取引を「ニューヨーク外国為替市場」と呼んでいます。外国為替市場は、24時間休むことなく世界のどこかで行われています。

そして、交換が行われるたびに、外国のお金との「需要と供給」のバランスが変わり、それに合わせて交換比率も変わります。

ニュースを見ていると、決まって最後にアナウンサーが「今日の為替の動きを――」などと、その日の為替レートを伝えています。つまり、円と外貨との交換比率は時々刻々と変わっているのです。

## どうなれば「円高」で、どうなれば「円安」なんだろう？

ニュースや新聞でよく目にするのが、「昨日に比べて○円○銭円高で――」「やや円安傾向にあって――」といった表現です。

２０２２年10月、円は１ドル１５０円台まで値下がりしました。これは１９９０年8月以来、32年ぶりの円安です。２０２２年のはじめには１１５円だったものが一気にこれほど下がったのです。

アメリカの「利上げ」観測が強まったことがきっかけになりました。アメリカのインフレが大いに加速しているということで、多くの投資家が円を売ってドルを買ったのです。日本政府も日銀を通じて保有しているドルを売るなど為替介入して歯止めをかけようとしました。

ウクライナ情勢が厳しさを増し、「ドル」を持っていれば安全だ、と思う投資家も増えて、さらに円安ドル高は進み、結局150円台にまでなったのでした。

という話、ニュースで聞いたことがあるよね？　でも、要するにどういうことなんだか、さっぱりわからない人も多いんじゃないだろうか。

さて、円高・円安とは「外国のお金に対して円の価値が高くなること、または低くなること」を言います。ただ、そのことの意味をきちんとわかっている人は意外に少ないんですね。そこで、君たちに質問です。

A：1ドル＝200円　　B：1ドル＝100円

AとBでは、どちらが円高ですか？

この問題、大学生や大人に出しても、「100円より200円のほうが金額が高いんだから、Aのほうが円高なんじゃないの?」という答えがけっこう多いんですね。

でも、それは間違い。正解はBの「1ドル＝100円」です。

確かに日本円の金額だけ見ればAのほうが高いのですが、重要なのは1ドルと比較したときの「円の価値」が高いか低いかということです。

こう考えるとわかりやすいかもしれません。

君はアメリカに住んでいて、お金はドルしか持っていません。あるとき、君は「100円玉1枚」を買いに行きました。さて君は何ドル払えばいいでしょうか。

為替レートがAの「1ドル＝200円」だった場合、君が払うのは0・5ドルです。

でも為替レートがBの「1ドル＝100円」だった場合、君は1ドル払わなければいけません。同じ100円玉1枚なのにBのほうが「高い」ですよね。

つまり、1ドルに対して円の価値が高い為替レートはBのほうだということです。

ドルを使っている外国人が日本のモノを買うとき、「高い」という状態のことを円高というのです。

このとき日本側から見れば、Aは1ドルのモノを買うのに200円するけれど、Bは100円で済むわけです。日本人が外国のモノを買うとき「安い」という状態なので「ドル安」と言います。

つまり円高とドル安は同じこと、円安とドル高は同じことなのです。

## 円と外貨の交換比率も「需要と供給」で決まる

では、こうした円高や円安はなぜ起こるのでしょうか。

みんながほしがるもの、みんなが買いたいものは値段も高くなることは、前に説明したとおりです。

実は外国のお金（外貨）と円の交換比率（為替レート）も、みんなが「ほしがるかどうか」、つまり「需要と供給」によって決まってきます。
ドルと円を交換する場合だと、すごく簡単に言えば、

みんなが「ドル」より「円」をほしがれば、円の価値が上がる。
←
「ドルを円に替えたい」という人が多くなり、円の需要が増え円高になる。

みんなが「円」より「ドル」をほしがれば、円の価値が下がる。
←
「円をドルに替えたい」という人が多くなり、円の需要が減り円安になる。

ということです。
為替レートが需要（買いたい量）と供給（売りたい量）のバランスで決まるのはわかりました。では、どんなときに円高（円が人気）、円安（円が不人気）になるのでしょう。

日本からアメリカへ輸出する場合、日本企業は商品代金を「ドルで受け取る」場合も多いため、日本企業は受け取ったドルを円に交換します。そのため日本からの輸出が増えると、円の需要が増え、円が値上がりして円高になる傾向があります。

逆にアメリカから輸入するとき、代金は「ドルで払う」ことが多いため、日本企業は円を売ってドルに替えて支払います。こうして輸入が増えると、ドルの需要が増えて円の価値が下がり、円安が進む傾向があるのです。

つまり、輸入額より輸出額のほうが多い（外国に払うよりも外国から受け取る額のほうが多い）状態が続くと、円の価値が上がって円高になりやすいのです。そして、逆になると円安が進みやすいということになります。

また日本よりもアメリカの金利のほうが上がると予想されると、「円をドルに交換して預金すれば利息を多く受け取れる」と考える人が増えます。するとドルの需要が増え、円安になりやすくなります。もちろん逆なら、円高になります。

ほかにも、戦争や地域の紛争など「地政学的なリスク」が高まったりすると、リスクを避けるために円に替えるケースが増え、結果として円高の傾向になります。場合によってはドルが買われて円安が進むケースもあります。もし急に国の金融システムに不安などが起こったりすると、国の信用も下がり、円に替える人も減って円安になる可能性があります。

こうしたさまざまな要因で「円とドルの需要と供給のバランス」は日々変動し、それによって「円高か、円安か」も変わってくるのです。

## 円高還元セールはなぜ安い？

外貨に対して円の価値が上がる円高、価値が下がる円安。どっちがいいのだろう。そう思いますよね。実はこれが難しいんですね。結論から言えば、「どっちもどっち」と言うしかありません。

では、円高や円安は人々の暮らしにどのような影響を与えるのでしょうか。

## ◆円高になると――

たとえば、1ドル＝120円だったのが、円高で1ドル＝100円になりました。どんなことが起こるでしょうか。

○メリット

まず、海外からの輸入商品を安く買える機会が増えます。1ドルの商品を輸入する場合、それまでは120円を払いましたが、円高で1ドル＝100円になったことで、同じ商品が100円で買える計算になります。これは、同じ金額なら、これまでより多くの商品を輸入できるということ。輸入量が増えた商品の値段は下がります。つまり安く買えるということです。

「円高還元セール」を開催しているお店を見たことがあるでしょう。120円で輸入していたモノが円高になって100円で輸入できる。その差額で得した分を値引きして安く売ります――これが円高還元セールです。

また商品だけでなく、輸入に頼っている原油をはじめとする燃料の値段も下がります。原油などの燃料が安くなればガソリンも電気料金も下がります。

さらに、日本からドルを使う国への海外旅行が安くなるというメリットも。現地では1ドル＝120円のモノが100円で買えるのですから、食事や買い物もお得になりますよね。

×デメリット

輸出をしている企業や海外で事業をしている企業の業績が下がってしまいます。

1000ドルの製品をつくってアメリカ国内で売った場合、1ドル＝120円なら、日本円にして12万円の売り上げになります。でも1ドル＝100円の円高になると、10万円にしかならないことになります。円高によって利益が減ってしまうんですね。

また日本を訪れる観光客が減ってしまう恐れもあります。円高になると日本国内での買い物が割高になってしまうからです。観光客が減れば観光収入も減り、関連の業界も苦しくなります。

## ◆円安になると――

今度は逆に、1ドル＝100円だったのが円安で1ドル＝120円になったとします。すると、どんな影響があるのでしょうか。

○メリット

円安になると、日本からの輸出が増えます。たとえば、1個20万円の日本製品をアメリカに輸出して売る場合、1ドル＝100円だと2000ドルですが、1ドル＝120円の円安になると1667ドルで買えるようになります。これはアメリカの人たちにとってはお買い得ですよね。その結果、日本製品の人気が高くなって輸出量が増えます。アメリカに輸出している日本企業はもうかるわけです。

また、円安になると海外からの観光客が増えます。日本で買い物をする際に1ドルで100円のモノしか買えなかったのが、円安で120円のモノを買えるのですから、こちらもお買い得ですよね。海外からの旅行者が増えれば日本国内でも多くの観光収入が見込めるというメリットがあるのです。

さらに円安になると海外で事業を展開している企業の、海外でのもうけは円換算では増えることになります。「アメリカで1ドルもうかった！」と言っても、1ドルが100円のときと、120円のときでは違うよね？　もちろん120円のときのほうが、日本の会社は「円換算でもうけが増えた」ということになる。株式市場では、海外でのもうけも含めて、企業の力が評価されますから、グローバル企業の場合、円安になればもうけが増えて企業の評価も、株も上がり、株に投資をしている企業や個人がもうかる可能性があるということなのです。

×デメリット

円高とは逆に、輸入品や原油など燃料の値段が上がってしまいます。

多くの生活必需品を輸入に頼っている日本では、海外からの輸入品の値上げは、ほかのモノやサービスの値上げにつながり、世の中の物価も高くなっていきます。

このように、円高と円安では、どちらにもメリットとデメリットがあり、どちらがいいのかは一概には言えません。

でも、やはり行きすぎはよくありません。極端な円高、極端な円安になると経済や暮らしが混乱する恐れがあります。そのため、そうなったときには為替レートを安定させるために、政府が日銀を通じて円の売り買いをする「為替介入」が行われることもあります。

# 6 もうすぐ社会で、世界で活躍しはじめる君に

## おわりに君たちへ

この本のタイトルは「エコノミストの父が子どもたちにこれだけは教えておきたい大切なお金の話」だ。長いタイトルでごめんなさい。

タイトルどおり、僕は「エコノミスト」という仕事をしているのだが、実は、家に帰ってから自分の子どもたちに、「これだけは教えておきたい!」などと言って、「お金の話」をしているわけではない。正直、お金の話に限らず、たいした会話もしていないのだ。

むしろこの本は「本当に教えておきたい」というより「実は本当は自分の子どもにちゃんと話しておくべきだった」ということを、遅まきながら書いたものなのだ。

僕は、時計屋を営む両親のもとに生まれた。父は株式投資に興味を持ち、店を閉めた現在も投資は続けている。

だからといって、父に「投資の基本」を習ったことはないし、お金との付き合い方について教えてもらったおぼえもない。

それでも、なんとなく僕は自然に株式投資も含め金融や経済に興味を持ち、大学の専攻に「経営工学」を選んだ。投資も少しずつ若い頃から続けてきた。

父に「指導」されたことはないけれど、自営業者として時計屋を営み、量販店に押されて時計屋だけでは商売が難しくなってからは、メガネや貴金属を扱って経営を立て直そうと努力していた父の姿は、やはり僕にいろいろな影響を与えていたようだ。父がいたから、僕は経営や流通、投資などに興味を持つようになったのだと思う。

日本人はなぜか「投資」というと、顔をしかめて「危険」「欲が深い」「バクチと同じ」「素人がやるものではない」「金持ちの道楽」などと言いがちだった。投資でお金をもうけた人の話を聞けば、成功者として称えるよりも「なんだかずるい」とか「コツコツ働いた人のほうが偉い」とさえ言いたげな雰囲気さえ漂う。

こんな大人たちが多い社会なのに、高校の授業で「投資」「資産形成」なんてちゃんと教えられるのだろうか？　と不安な気持ちもある半面、「やっと第一歩目だ」という、うれしさも感じている。

この本は、こうした授業では詳しく説明しきれないだろうと思われる部分をできるだけわかりやすく説明したつもりだ。

部分的に少しわかりにくいところがあるかもしれないけれど、小学校高学年でもだいたい理解できるはずだ。

改訂版をつくるにあたって、多くの部分に加筆、修正を加えている。わずか6年で日本ではびっくりするほど大きな変化があったため、そうせざるを得なかったからだ。

この、前回はさほど詳しく書かなかった「投資」については、新章をもうけている。

この章がいちばん難しいかもしれないが、実は一番「面白い」ところなのだ。

ちょっと我慢して読んでみてほしい。

この本が小さなきっかけになって、君たちが「お金」「経済」「投資」「金融」といったことに少しでも興味を持ってくれれば、とてもうれしい。


実は、僕の息子は中学生のとき、学校で公認会計士の先輩の話を聞いたことがきっかけで、高校に入るなり公認会計士試験の勉強をはじめ、付属高校から大学に進学するとすぐに受験して合格してしまった。さらに最近米国の公認会計士の資格までとり、大学4年の現在すでに大きな監査法人事務所で仕事をはじめている。3年生までに大学の単位は全部とってしまったのでヒマなのだそうだ。

これは僕の影響というより、中学の先輩の話がきっかけなのだが「公認会計士」という職業に興味を持った根本には、少しだけ僕の仕事の影響もあるのかなあ、と思ったりしている（関係ないかもしれないけどね）。

しばらく前、息子が「お父さんは起業しないの？」と聞いてきたことがあった。僕はとてもそんな才覚がなさそうなので「しないしない」と答えたが、息子は今の会社で腕をみがいたらいずれ起業しようと考えているのかもしれない。

そう考える若い人がどんどん増えている。終身雇用制も年功序列制も実質的には崩壊している。若い人たちも「会社に一生面倒をみてもらいたい」とか「定年まで同じ会社にいたい」などと、思わなくなっているのだ、ということを改めて感じた。

若い人たちにとってたいへんな時代になったものだと思う一方、特技、スキルさえあれば、ひとつの会社にこだわることなく、しなやかな形で生きていくことを目指すのが当然の時代になったのだな、と、頼もしくも思う。会社に縛られるより、もっと自由に自分らしく生きていけそうではないか。

君たちがどんな人生を歩むのかは僕には知る由もない。

でも、どんな形で社会に出るにせよ、1行でも、この本のなかから役に立つものを見つけてくれたらと、つくづく思っている。

そういえば、小学校6年生の甥が、先日僕の父に「おじいちゃん、株式投資教えてよ」と言ったそうだ。こちらのきっかけは小学校の授業だったようで、先生がなにかの時間に「株式投資というものがある」ことを教えてくれたらしい。「これは面白そうだぞ」と感じたのか、さっそく教えてほしいと頼んできたのだ。おじいちゃんが株式投資に詳しいということは、両親から聞いたのだろう。

僕も少しは詳しいのだが、甥が最初の先生に選んだのは、やさしいおじいちゃんのほうだった。

納得しつつも、ちょっとだけ残念な僕であった。

2023年3月　第一生命経済研究所　首席エコノミスト　永濱利廣

**永濱利廣**（ながはま・としひろ）

早稲田大学理工学部工業経営学科卒、東京大学大学院経済学研究科修士課程修了。第一生命保険に入社後、日本経済研究センターに出向。現在、第一生命経済研究所経済調査部首席エコノミスト。内閣府経済財政諮問会議有識者、総務省消費統計研究会委員、景気循環学会常務理事、跡見学園女子大学非常勤講師。2015年に景気循環学会中原奨励賞受賞。著書は『給料が上がらないのは、円安のせいですか?　通貨で読み解く経済の仕組み』（PHP研究所）、『日本病　なぜ給料と物価は安いままなのか』（講談社現代新書）ほか多数。趣味は車と体を鍛えること。一男（大学4年）一女（大学1年）の父。

エコノミストの父が、
子どもたちに
これだけは教えておきたい
大切なお金の話　増補・改訂版

---

2023年4月5日　初版発行

著　者　永濱利廣
発行者　佐藤俊彦
発行所　株式会社ワニ・プラス
〒150-8482　東京都渋谷区恵比寿4-4-9 えびす大黑ビル7F
電話　03-5449-2171（直通）
発売元　株式会社ワニブックス
〒150-8482　東京都渋谷区恵比寿4-4-9 えびす大黑ビル
電話　03-5449-2711（代表）
印刷所　中央精版印刷株式会社
デザイン／DTP　喜安理絵
取材協力　柳沢敬法

---


ISBN 978-4-8470-7293-2